Die Geschichte des Rheinlandes

Willi Arnolds

Die Geschichte des Rheinlandes

Ein historischer Streifzug

GEV

© 2005 by GEV (Grenz-Echo Verlag), Eupen (B)
www.gev.be
E-mail: buchverlag@grenzecho.be

Alle Rechte vorbehalten.

Lektorat und Satz: Königsdorfer Medienhaus, Frechen
Titelbildillustration: Einnahme von Koblenz 1632 (AKG, Berlin)
Titelseitengestaltung: Cito Communication, Eupen
Druck und Bindung: Grenz-Echo Printing,
Vervierser Straße 97, 4700 Eupen (B)
www.grenzecho.be

ISBN 90-5433-206-9
D/2005/3071/6

Ohne ausdrückliche Genehmigung des Verlages ist es nicht gestattet, diese Publikation oder Teile daraus auf fotomechanischem (Druck, Fotokopie, Mikrofilm, usw.) oder elektronischem Weg zu vervielfältigen, zu veröffentlichen oder zu speichern.

Printed in Belgium

INHALT

Vorwort 7

DAS RHEINLAND UND SEINE NACHBARN
Der Rhein 9
Der Begriff „rheinisch" 11
Die Nachbarn im Westen 13
Westfalen und das Ruhrgebiet 15
Die südwestdeutschen Landschaften 22
Das Rheinland 28

GESTALTENDE KRÄFTE
Lotharingien 42
Die Metropole Köln 47
Trier 55
Die Rheinländer und die deutsche Nation 57
Humanismus und Reformation 63
Die Territorien 70
Die französische Zeit 75
Die Opposition gegen Preußen und Hitler 82

DIE BONNER REPUBLIK
Die Politik Konrad Adenauers 95
Das Votum für Bonn 101
Einheit trotz Teilung 108

ANHANG
Anmerkungen 116
Abkürzungsverzeichnis 137
Abgekürzt zitierte Quellen und Literatur 138
Bildnachweis 142

Vorwort

Das Buch berichtet über das Rheinland und seine Metropole Köln. Von Rom gegründet, von den Menschen am Rhein geschaffen, nimmt sie kulturelle Einflüsse aus dem Rheinland, den benachbarten Landschaften, anderen Ländern Europas und der Welt auf, formt sie um und gibt sie weiter. Mit keiner anderen Stadt ihres Landes fühlen sich die Rheinländer so eng verbunden wie mit Köln. Seit jeher ist es die geistige, kulturelle und wirtschaftliche Hauptstadt, der Dom das Wahrzeichen ihres Landes von der Eifel bis zum Westerwald, vom unteren Niederrhein bis zum Hunsrück. Deutlicher als in Köln sind die Überreste der für die rheinische Kultur bedeutenden Antike in Trier zu sehen, das den Mittelrhein geprägt hat. Auch am Niederrhein gilt die Porta Nigra als das Wahrzeichen der antiken Vergangenheit.

„Rheinisches Land ist unbegrenztes Land, ist Übergang und Vermittlung aus allen Richtungen und nach allen Seiten ... Seine Lebensgeschichte ist die freud- und leidvolle Geschichte eines immerwährenden Nehmens und Gebens", schrieb Anton Gail. Städte wie Paris und Wien hätten „zu ihrer Art zugleich europäische Züge angenommen". Das Rheinland sei von der Entwicklung Europas so sehr beeinflusst worden, „dass europäische Geschichte hier zum Lokaltermin wird".[1]

Freiheit und Toleranz, Offenheit für Fremde und ihre Kulturen sowie das von der katholischen Kirche geprägte universale Denken kennzeichnen die rheinische Gesellschaft seit vielen Generationen. Begünstigt wird diese Einstellung durch die geografische Lage des Landes am Rhein im Westen Europas, durch seine enge kulturelle und wirtschaftliche Verbindung mit den Beneluxstaaten, seine durch den internationalen Handel in über 1000 Jahren entstandenen Beziehungen zu allen Ländern Europas und den wichtigsten Staaten der islamischen Welt, den USA, einigen Ländern Lateinamerikas, Afrikas und Asiens.[2] Die Geschichte des Rheinlandes ist grundsätzlich anders verlaufen als diejenige des mitteleuropäischen Deutschland. Folglich haben die Rheinländer ein Selbstverständnis entwickelt, das sich von dem ihrer östlichen Nachbarn unterscheidet.

„Wer sich selbst erkennen will, findet sich im Spiegel der Geschichte: Wir sind, was wir geworden sind, und deshalb sind alle Sätze über die Menschen im Kern historische Sätze", schrieb der Historiker Hagen Schulze.[3] Sein Kollege Ernst Opgenoorth wies darauf hin, „dass das Vergangene in die Gegenwart bestimmend hineinwirkt" und dadurch das Interesse an der Geschichte wachruft.[4] Deshalb empfahl Konrad Adenauer den Politikern, Geschichte zu studieren. Sie sollten nicht nur „die Tagesereignisse auf sich wirken lassen", sondern auch auf die „geschichtlichen Kräfte" achten, die „Konstellationen hervorgerufen haben". Er riet ihnen, die bestehenden

Vorwort

Konstellationen zu untersuchen und zu überlegen, ob man diese ändern könne.[5]

Inhalt dieses Buches sind ausgewählte Abschnitte der rheinischen Geschichte. Es beschränkt sich auf Themen, die für das Selbstverständnis der Rheinländer entscheidende Bedeutung haben. Deshalb folgt es nicht dem zeitlichen Ablauf der Vorgänge. Innerhalb der Kapitel wird die Geschichte jedoch mit wenigen Ausnahmen in zeitlicher Folge dargestellt. Schwerpunkte sind die Charakteristik des Rheinlandes und seiner Nachbarn sowie die Entwicklung seit Gründung der Bundesrepublik Deutschland.

Das Buch erhebt nicht den Anspruch auf Vollständigkeit. Es ist vor allem für interessierte Nichthistoriker gedacht, die sich über Quellen und Forschungsergebnisse informieren wollen. Ihnen ist es nicht zuzumuten, nach den gewünschten Informationen zu suchen. Deshalb werden Quellen und Urteile von Fachleuten ausführlich zitiert. Streitfragen der Forschung werden nicht eingehend erörtert, da die angegebene Sekundärliteratur die unterschiedlichen Standpunkte dokumentiert. Die Anmerkungen beschränken sich auf die Literaturnachweise.

Wertvolle Anregungen verdanke ich Dr. Beate Dorfey, Hauptlandesarchiv Koblenz, Stadt- und Kreisarchivar a. D. Dr. Hans J. Domsta und Archivleiter Helmut Krebs, Düren, Rechtsanwalt Heinz Spelthahn, Jülich, und Helmut Spies, Düren.

DAS RHEINLAND UND SEINE NACHBARN

Der Rhein

Der Rhein, mit seinem Flusssystem und den Verkehrswegen, die dort zusammenkommen, verbindet Norditalien mit Südengland, den Westen mit der Mitte Europas. Er entsteht im Schweizer Kanton Graubünden aus dem Vorder- und Hinterrhein, die sich westlich von Chur zum Alpenrhein vereinigen. Als Hochrhein wendet er sich nach Westen, fließt durch den Bodensee, überwindet im Rheinfall von Schaffhausen einen Höhenunterschied von 20 m und fließt ab Basel nach Norden.

Am Oberrhein liegen das französisch-alemannische Elsass und Baden, alemannisch im Süden, rheinfränkisch in den früher pfälzischen Gebieten um Mannheim und Heidelberg. Rheinfränkisch sind auch die südwestdeutschen Landschaften Saarland, Pfalz, Rheinhessen und Südhessen mit ihren Zentren Saarbrücken, Kaiserslautern, Mainz, Frankfurt und Darmstadt. Die Nebenflüsse Neckar und Main öffnen Verkehrswege bis in das württembergische Heilbronn und die zu Bayern gehörende unterfränkische Stadt Würzburg.

In den tief eingeschnittenen Tälern des Mittelrheins zwischen Bingen und Koblenz erhält der Strom von Westen die Zuflüsse Nahe und Mosel, im breiteren Tal zwischen Koblenz und Bonn die Ahr von Westen, Lahn und Sieg von Osten. Das Moseltal verbindet Koblenz mit Trier, Metz und Nancy, das Lahntal mit den hessischen Städten Limburg, Wetzlar, Gießen und Marburg. Der Mittelrhein gehört zum moselfränkischen Sprachraum, der auch den Westerwald, den Hunsrück, das Moseltal, die Südeifel, den größten Teil Luxemburgs und den Süden des deutschsprachigen Belgien umfasst. Diese Landschaften bilden das Einzugsgebiet der Städte Koblenz, Trier und Luxemburg.

Das ripuarische Sprachgebiet des südlichen Niederrheins ist von der Metropole Köln geprägt. Sie strahlt bis in den Westerwald, den Hunsrück und den nördlichen Niederrhein mit seinem Zentrum Düsseldorf aus. Hier sind Wupper, Ruhr und Lippe die wichtigsten Nebenflüsse. Sie verbinden die niederrheinischen Städte mit dem märkischen Industriegebiet, dem Ruhrgebiet und seiner Metropole Essen sowie großen Teilen Westfalens. Am nördlichen Niederrhein wird ebenso wie in niederländisch und belgisch Limburg sowie im Norden des deutschsprachigen Belgien um Eupen Rheinmaasländisch gesprochen. In den Niederlanden teilt sich der Niederrhein in die Waal und den kleineren Panerdens Kanaal, der dann Nieder-Rijn und Lek heißt. Die Waal bildet die wichtigste Wasserstraße zwischen den niederrheinischen Städten und den Zentren der Niederlande.

Natürliche Kultur- und Wirtschaftsstraßen verbinden die Landschaften am Rhein mit denen im Süden und Westen Europas. Eine führt von der Oberrheinischen Tiefebene durch die burgundische Pforte in das Gebiet der Rhone und damit in den für die kulturelle Entwicklung Westeuropas wichtigen Raum an ihrem Unterlauf. Eine zweite verläuft von der Rhone durch das Moseltal zum Mittelrhein. Hier trifft sie auf die von Süden durch die oberrheinische Tiefebene nach Norden laufende Kulturstraße. Ebenso wichtig wie die Verbindung zum Mittelmeer ist diejenige mit Belgien und den Niederlanden durch die niederrheinische Bucht jenseits von Bonn. Über den Rhein, die Maas und die Schelde waren zu allen Zeiten die britischen Inseln leicht zu erreichen. Bereits in der Antike bestanden die wichtigen Straßenverbindungen Köln–Reims und Köln–Bavais. Im Mittelalter hatte die Verkehrs- und Wirtschaftsachse Köln–Maastricht–Antwerpen–Brügge große Bedeutung. Sie begünstigte den Aufstieg des Herzogtums Brabant. Der Niederrhein bildete eine „Wirtschafts- und Kulturprovinz", die Beziehungen mit England unterhielt und die wichtigen Verbindungen mit Niederdeutschland und Skandinavien knüpfte.

Das Rheingebiet öffnet auch Wege nach Osten. Kein natürliches Hindernis trennt die niederrheinische von der münsterländischen Bucht, die in die norddeutsche Tiefebene übergeht. Die östlichen Nebenflüsse des Rheins sind seit Jahrhunderten Verkehrswege nach Mitteleuropa, so der Hellweg entlang der Ruhr und das Lahntal.

Über diese Wege gelangte nordische Kultur bis in das Neuwieder Becken. Ihr Einfluss war jedoch gering, denn der Verkehrsstrom aus dem Norden überquerte nur den unteren Niederrhein. Größere Bedeutung hatten kulturelle Einflüsse aus Süddeutschland, die über die Donau und den Oberrhein bis an den Niederrhein gelangten. Zugleich entstanden Beziehungen zwischen Niederrhein, Südosteuropa und Konstantinopel. Diese Wege dienten überwiegend als „Ausfalltore", durch die Kultur aus dem Rheingebiet nach Osten vermittelt wurde, während die Verbindungen mit dem Westen vor allem „Einfallspforten" für west- und südeuropäische Einflüsse waren.

Dank seiner geografischen Lage und seiner Oberflächengestaltung ist das Rheingebiet der verkehrsreichste Raum Europas. Die Täler des Rheins und der Nebenflüsse verbinden seine Landschaften miteinander. Mit den umliegenden Gebieten steht das Rheingebiet in einem „unmittelbaren Zusammenhang", sodass es von jeher „zur Aufnahme und zum Sammeln der von auswärts kommenden kulturellen Einflüsse, nach ihrer vielfachen „Überschneidung, Durchdringung und Aus- und Umgestaltung zu deren Weitergabe an andere benachbarte Gebiete befähigt war".[6] In dieser offenen Landschaft haben sich bedeutende Kultur- und Wirtschaftszentren entwickelt: Das Rhein-Main-Gebiet, die rheinischen Städte Köln, Bonn, Leverkusen und Düsseldorf, das Ruhrgebiet sowie die Randstadt Holland mit Amsterdam, Den Haag und Rotterdam. Am Rhein oder in seiner Nähe liegen die politischen Zentren der europäischen Union: Straßburg, Luxemburg und Brüssel. Frankfurt ist Sitz der Europäischen Zentralbank. Das Rheingebiet war jedoch zu keiner Zeit ein einheitlicher Kultur- und Geschichtsraum. Seine Bevölkerung entwickelte weder ein Landesbewusstsein noch bildete sie einen einheitlichen Staat. Jede Landschaft hat ihre Identität bewahrt, denn die Menschen, die in ihr leben und sie gestalten, verlieren das Bewusstsein ihrer Zusammengehörigkeit auch dort nicht, wo politische Grenzen sie trennen.

Der Begriff „rheinisch"

Viele kulturelle, politische und wirtschaftliche Einheiten, Institutionen und Vereinigungen erhielten einen Namen mit dem geografischen Grundwort „Rhein". In einer „provincia Rheni" zwischen Basel und Mainz sah Otto von Freising vor über 800 Jahren den politischen Schwerpunkt des Reiches. Es gab die rheinischen Landfrieden, die rheinische Bank der Reichsstädte, die rheinische Reichsritterschaft und die rheinische Einung, in der sich Kurmainz, Kurtrier, die Kurpfalz, Hessen und Würzburg zusammenschlossen. Im 13. Jahrhundert ist ein „Rheinland" an der Mündung des Rheins in die Nordsee belegt, 1546 ein anderes am Oberrhein. In Deutschland wurde gegen Ende des 18. Jahrhunderts der Begriff „Rheinländer" für alle Landschaften und deren Bewohner beiderseits des Rheins zwischen der Schweiz und Niederlanden verwendet.

J. C. Abelung erklärte in seinem Lexikon den Begriff „Rheinland" als „ein an dem Rheinstrome gelegenes Land". Den Plural und „eine daher gebürtige Person" nannte er „Rheinländer". Die Gebrüder Grimm boten dieselbe Erklärung, bezeichneten jedoch mehrere Rheinlandschaften als „Rheinlande".[7]

Wilhelm Janssen wies auf die Mehrdeutigkeit des Begriffs „rheinisch" hin, der einer Interpretation bedarf. „Und doch verbinden wir heute in der Umgangssprache damit bestimmte regionale Vorstellungen. Niemand würde die ‚Rheinischen Stahlwerke' in Basel suchen; und jedermann wäre etwas verwundert, wenn rheinisches Rübenkraut in Worms hergestellt würde. Vielmehr wird man dies alles in der Gegend zwischen Mainz und Duisburg, genauer noch zwischen Koblenz und Emmerich mit der Metropole Köln ansiedeln wollen. Grob umrissen meinen wir die Landschaften beiderseits des Stroms zwischen Mosel und der niederländischen Grenze,

wenn wir das Adjektiv ‚rheinisch' und das zugehörige Substantiv ‚Rheinland' (in der Einzahl!) gebrauchen."[8]
Dem Rheinland fehlt die Geschlossenheit eines Staatsgebietes mit langer Tradition und eindeutigen Grenzen. Nur im Hochmittelalter und von 1820 bis 1945 war es politisch geeint. Danach wurde es von den vier Hauptsiegermächten Großbritannien, Frankreich, den USA und der Sowjetunion zwischen der britischen und französischen Zone, 1946 von Großbritannien und Frankreich zwischen den von ihnen gegründeten Ländern Nordrhein-Westfalen und Rheinland-Pfalz aufgeteilt. Eine ethnische Einheit existiert ebenfalls nicht. Versuche, eine „Stammesidentität" zu schaffen, scheiterten nach dem Ersten Weltkrieg. Auch die Befürworter einer autonomen Rheinischen Republik hatten unterschiedliche Vorstellungen von ihren Grenzen.

Der Kulturraum kennt keine festen Grenzen. Nach der Definition von Edith Ennen sind Kulturräume „Verdichtungsgebiete zahlreicher Einzelmerkmale, unscharf an den Rändern, mitunter sich überschneidend, mitunter durch breite Grenzräume getrennt, aus Kernraum und Ausstrahlungen bestehend, wobei mit der Weite der Ausstrahlung ihre Intensität abnimmt, sie sind außerdem nicht konstant, sondern ständigen Wandlungen unterworfen."[9]

Eine Definition des rheinischen Kulturraumes ist nur mit Berücksichtigung der alten kirchlichen Grenzen möglich, denn das, was wir heute unter „rheinisch" verstehen, wurde von der Kirche entscheidend mitgeprägt. Für die große Mehrheit der Bevölkerung des Mittelalters und der frühen Neuzeit waren die kirchlichen Grenzen wichtiger als diejenigen von Territorien oder Gerichtsbezirken. Zudem wurden die im 8. Jahrhundert umschriebenen Diözesen erst durch die französische Revolution verändert oder aufgelöst. Deshalb schlug Heinz Finger „für die räumliche Definition des Kulturraumes Rheinland" folgende Gebiete vor: Das alte Erzbistum Köln ohne seinen westfälischen Teil und das Dekanat Zyfflich, das zum alten Bistum Utrecht gehörende Dekanat Emmerich, die früheren Dekanate Lütticher Wassenberg, Heinsberg und den östlichen Teil des Dekanates Maastricht mit der Stadt Aachen, das alte Erzbistum Trier einschließlich seiner luxemburgischen, saarländischen und rechtsrheinischen Gebiete, den linksrheinischen Teil des alten Erzbistums Mainz einschließlich des Nahetals, der nördlichen Pfalz, Rheinhessens und des rechtsrheinischen Rheingaues.[10] Darüber hinaus ist rheinischer Kultureinfluss in belgisch und niederländisch Limburg, dem deutschsprachigen Belgien, der belgischen Provinz Lüttich und in Westfalen nachzuweisen.[11]

Der rheinische Geschichtsraum kann nicht genau bestimmt werden, denn die rheinische Geschichte blieb nie auf das Rheinland begrenzt, sondern wurde vom römischen Imperium, dem Frankenreich, dem Heiligen Römischen Reich Deutscher Nation, Frankreich, dem preußisch-deutschen Reich, der Bundesrepublik Deutschland, der katholischen Kirche, der niederländisch-calvinistischen Reformation und von seinen westlichen Nachbarn einschließlich der britischen Inseln beeinflusst. Bereits Karl Lamprecht wollte in seinem 1885/86 erschienenen Werk „Deutsches Wirtschaftsleben im Mittelalter" am Beispiel des Moselraumes „das Universale der deutschen Geschichte des Mittelalters" darstellen.[12] Im Jahre 1966 schrieb Franz Petri: „Von den rheinischen Landschaften aus haben sich die Beziehungen immer wieder nach den verschiedenen Richtungen ins Überlandschaftliche geweitet. Es ist geradezu ein Grundsatz der rheinischen Geschichte, dass sie rheinisch und doch zugleich unlöslich mit der allgemeinen Entwicklung verflochten ist."[13]

So gilt das, was Dieter Geuenich für die Grenzen des Niederrheins festgestellt hat, für das gesamte Rheinland: Die „Frage nach der Abgrenzung" wird man, „je nachdem wie weit man in der Geschichte zurückgeht, anders beantworten".[14] Folglich kann nur der Versuch unternommen werden, die heutigen Grenzen annähernd zu beschreiben. Kriterien sind die Einflussbereiche der wichtigsten rheinischen Städte und der Metropole Köln, wirtschaftliche Verflechtungen, geschichtliche Entwicklungen, die in der Gegenwart fortdauern, kommunale, regionale und Landesgrenzen sowie markante geografische Gegebenheiten. Dabei wird geprüft, ob die heutigen Grenzen mit früheren Reichs-, Territorial- und Bistumsgrenzen sowie den Sprachlinien übereinstimmen.

Die Nachbarn im Westen

Die heutige Nord- und Westgrenze wurde 1815 auf dem Wiener Kongress als Grenze zwischen Preußen und den Niederlanden festgelegt. Sie zerschneidet das rheinmaasländische und das moselfränkische Sprachgebiet sowie die früheren Territorien Kleve, Geldern, Jülich, Limburg und Luxemburg. Der östliche Teil des früheren Lütticher Dekanates Maastricht mit seinem Zentrum Aachen wurde in das Erzbistum Köln eingegliedert. So teilt die Grenze auch den maasländischen Raum. Lange Zeit galt die Grenze zwischen dem alten Erzbistum Köln und dem alten Bistum Lüttich als Trennlinie zwischen dem rheinischen und dem maasländischen Einflussbereich. Der Übergang zwischen dem Rheinland und dem Maasland ist jedoch nicht eindeutig zu bestimmen.

Der größte Teil Limburgs wurde 1815 den Niederlanden zugewiesen. Während der Revolution von 1830, die zur Gründung Belgiens führte, ergriffen die Limburger Partei für den neuen Staat. Der belgisch-niederländische Vertrag von 1839 teilte Limburg zwischen den beiden Königreichen. Die niederländische Provinz wurde in den Deutschen Bund aufgenommen, jedoch 1866 wieder von ihm gelöst. Für 28 Jahre waren die Limburger Niederländer und Deutsche zugleich. Nur schwer integrierten sie sich in den niederländischen Staat. Zudem orientierte sich die Bevölkerung im Südosten der Provinz kulturell und wirtschaftlich am Rheinland, während die Einwohner im Westen, vor allem im Raum Maastricht, nach Belgien ausgerichtet waren. Die Orientierung am Rheinland zeigte der Sprachgebrauch im Südosten: Umgangssprache war die ostlimburgische, ripuarisch beeinflusste Mundart, Kultursprache war Deutsch. Während des 19. Jahrhunderts blieb die niederländische Amtssprache für die Bevölkerung eine Fremdsprache.

Erst durch den Ausbau der Kohleförderung und den Ersten Weltkrieg verringerte sich der rheinische Einfluss. 1890 hatte die deutsche Kultursprache Boden verloren. Bis 1926 gab es noch lokale Vereine mit deutschsprachigen Namen, deren Versammlungen teilweise auf Deutsch abgehalten wurden. Zwischen 1846 und 1934 erschienen in Heerlen und Kerkrade mehrere deutschsprachige Zeitungen und Zeitschriften. In den dreißiger Jahren des 20. Jahrhunderts wurde das Deutsche durch das Niederländische vollständig verdrängt, sodass über 100 Jahre nach der Aufnahme Limburgs in die Niederlande auch das südöstliche Gebiet der Provinz im niederländischen Einflussbereich lag.[15]

In dem bis 1794 niederländischen Teil Gelderns behauptete sich trotz der von Preußen betriebenen Eindeutschungspolitik das Niederländische noch bis 1860 als Schriftsprache und im Gottesdienst.[16] Heute bildet die Grenze zwischen dem Rheinland und den Niederlanden auch die Sprachlinie zwischen den beiden Kultur- und Amtssprachen Deutsch und Niederländisch.

Nach dem Ersten Weltkrieg wurden die überwiegend deutschsprachigen Kreise Eupen und St. Vith sowie der mehrheitlich frankophone Kreis Malmedy Belgien eingegliedert. Im Mittelalter hatte der größte Teil dieses Gebietes zum dreisprachigen Herzogtum Limburg, der Raum St. Vith zum zweisprachigen Luxemburg gehört. Heute bildet die in den belgischen Staat integrierte deutschsprachige Gemeinschaft mit der Provinz Lüttich, belgisch und niederländisch Limburg sowie mir der Regio Aachen die Euregio Maas-Rhein. Damit erhielt die 1945 wieder aufgenommene kulturelle, wirtschaftliche und politische Zusammenarbeit eine Institution.[17]

Die Grenzen des 1839 von den Großmächten gegründeten Großherzogtums Luxemburg wurden ohne Rücksicht auf kulturelle, geschichtliche und wirtschaftliche Zusammenhänge gezogen. Bereits 1815 hatte das Land auf dem Wiener Kongress sein gesamtes Gebiet östlich von Our, Sauer und Mosel an Preußen verloren. 1839 war sein frankophones Gebiet einschließlich des überwiegend deutschsprachigen Raumes um Martelange und Arlon Belgien zugewiesen worden. In den folgenden Jahrzehnten entwickelten die Luxemburger ein Nationalbewusstsein, das sich auf den Erhalt des Landes in seinen bis heute bestehenden Grenzen konzentrierte. Forderungen nach einer Rückkehr der abgetrennten Gebiete wurden nie erhoben. Im Frühjahr 1939 feierten sie das 100-jährige Bestehen ihrer Nation, deren Existenz sie unter der deutschen Besatzung 1940–1944 entschieden verteidigten.[18]

Zwischen 1815 und 1945 festigte sich die Nord- und Westgrenze des Rheinlandes im Bewusstsein der Menschen als Staatsgrenze. Heute wird sie von der Bevölkerung auf beiden Seiten als selbstverständlich respektiert. Durch die Gründung der EWG 1957, das Schengener Abkommen von 1990 über den Wegfall der Personenkontrollen und die Einschränkung der Warenkontrollen sowie die Einführung des Euro am 1. Januar 2002 haben die Grenzen ihren trennenden Charakter verloren.

Westfalen und das Ruhrgebiet

Die rheinische Ostgrenze von Emmerich bis Oberhausen stimmt bis auf kleine Abweichungen mit der Ostgrenze des früheren Herzogtums Kleve und der aufgelösten preußischen Rheinprovinz überein. Sie bildet die Ostgrenze des Kreises Wesel, des Regierungsbezirkes Düsseldorf und des Landschaftsverbandes Rheinland. Sie verläuft im Bereich der fränkisch-sächsischen Sprachlinie.[19]

Die Städte Duisburg, Oberhausen, Mülheim und Essen bilden trotz ihrer Zugehörigkeit zum Regierungsbezirk Düsseldorf und zum Landschaftsverband Rheinland einen wichtigen Teil des Ruhrgebietes. Duisburg liegt in der mittleren Niederrheinebene, ist Sitz der unteren Niederrheinischen Industrie- und Handelskammer. Viele Institutionen führen den Begriff „Niederrhein" oder das zugehörige Adjektiv „niederrheinisch" in ihrem Namen. Die Stadt gehört jedoch soziologisch, kulturell und wirtschaftlich seit dem Ende des 19. Jahrhunderts zum Ruhrgebiet. In ihr sind die unterschiedlichen Strukturen der fünf Zonen Ruhr, Hellweg, Emscher (Stadtteil Hamborn) und Lippe „dicht zusammengefasst", stellte Wilhelm Brepohl fest. „Duisburg ist längst schon in den Menschenstrudel und den Arbeitsrhythmus des Kohlenreviers hineingezogen worden, es ist die westlichste in der Reihe von Städten, deren beherrschende Mitte in Essen und deren Ostposten in Hamm zu suchen ist."[20] Auch das 1974 vom Landtag beschlossene und vom Verfassungsgerichtshof bestätigte Neugliederungsgesetz zählt Duisburg zu den bedeutenden Städten des Ruhrgebietes. In der Urteilsbegründung wurde die Stadt als „Hauptzentrum des westlichen Teils des Ruhrgebietes" bezeichnet.[21] Ihre Position beschrieb Oberbürgermeister Josef Krings: „Eine Abkoppelung vom Ruhrgebiet wäre unrealistisch. Die Probleme des Ruhrgebietes sind auch unsere Probleme ... Die verstärkte Orientierung hin zum Niederrhein hat nichts mit einer Duisburger Strömung gegen das Ruhrgebiet zu tun."[22]

Dagegen gehören die benachbarten Städte Dinslaken und Moers nicht zum Ruhrgebiet, sondern bilden eigenständige Mittelzentren. Die Stadt und der Kreis Dinslaken lehnten eine Eingliederung in das Ruhrgebiet bereits 1929 strikt ab. Diese Ablehnung bestätigten sie 1973. Stattdessen schlug die Stadt vor, den Kreis „zu einer kommunalpolitischen Einheit zusammenzuschließen. Die integrative Einheit des Raumes ist durch die einheitliche Struktur in wirtschaftlicher, soziologischer und kultureller Hinsicht geprägt." Aufgrund von Stadtrats- und Kreistagsbeschlüssen sah sich Dinslaken „bei dieser Meinung in Übereinstimmung ... mit ... der Mehrheit der Gesamtbevölkerung".[23] Für die Stadt und den Kreis Moers kam eine vollständige oder teilweise Zugehörigkeit zum Ruhrgebiet ebenfalls nicht in Betracht. Moers sah sich als Stadt mit „zentralörtlicher Bedeutung" im Bereich des Oberzentrums Düsseldorf und lehnt die erwogene Eingliederung in die Stadt Duisburg ab. Der Kreis schloss einen Zusammenschluss mit den benachbarten Landkreisen nicht aus, da wegen der „besonderen Aufgaben des niederrheinischen Grenzraumes als eines Verbindungsgliedes zwischen Ruhrgebiet und holländischem Verdichtungsraum" größere Einheiten gebildet werden mussten.[24] Der 1975 geschaffene Kreis Wesel, zu dem Dinslaken und Moers gehören, ist Mitglied des 1979 gebildeten Kommunalverbandes Ruhr. Dieser bildet jedoch keine politische Einheit, sondern beschränkt sich auf die Förderung von Naturschutz, Freizeitanlagen, Werbung und Kartographie. Zudem sollen die Mitglieder nach einem Gesetzesentwurf der Landesregierung den Verband verlassen können.[25]

Essen, die Metropole des Ruhrgebietes, ist eine westfälische Stadt mit rheinischen Einflüssen im Süden ihres Stadtgebietes.[26] Im Jahre 1967 bezeichneten Essener Bürger die Zuordnung ihrer Stadt zur Rheinprovinz und zum Landschaftsverband Rheinland als „Fehlentscheidung". Essen sei „nie rheinisch" gewesen. Die Stadt habe fast ganz zum sächsisch-westfälischen Sprachgebiet gehört. Selbst das heute gesprochene „Ruhrgebietsdeutsch" hat „immer noch mehr Verwandtschaft mit dem Bochumer, Dortmunder und Recklinghauser Dialekt als mit den ganz andersartigen rheinischen Mundarten".[27] Das früher zum Herzogtum Berg gehörende Mülheim bildet seit 1911 mit Essen und Oberhausen einen eigenen Industrie- und Handelskammerbezirk: Es wurde zuerst von der Industrie erfasst.[28] Oberhausen verdankt seine Entwicklung zur Stadt dem Ruhrgebiet.[29] Oberbürgermeisterin Luise Albertz betonte ihre Zugehörigkeit zum Ruhrgebiet und bezeichnete sich selbst als „Angehörige des ‚Ruhrvolkes'". Es habe sich „ein ganz spezifisches Eigenbewusstsein der Menschen des Ruhrgebietes herausgebildet", das sich bei der Wahrnehmung wirtschaftlicher Interessen ebenso zeige wie bei dem besonders im Ausland empfundenen Gefühl der Zusammengehörigkeit.[30]

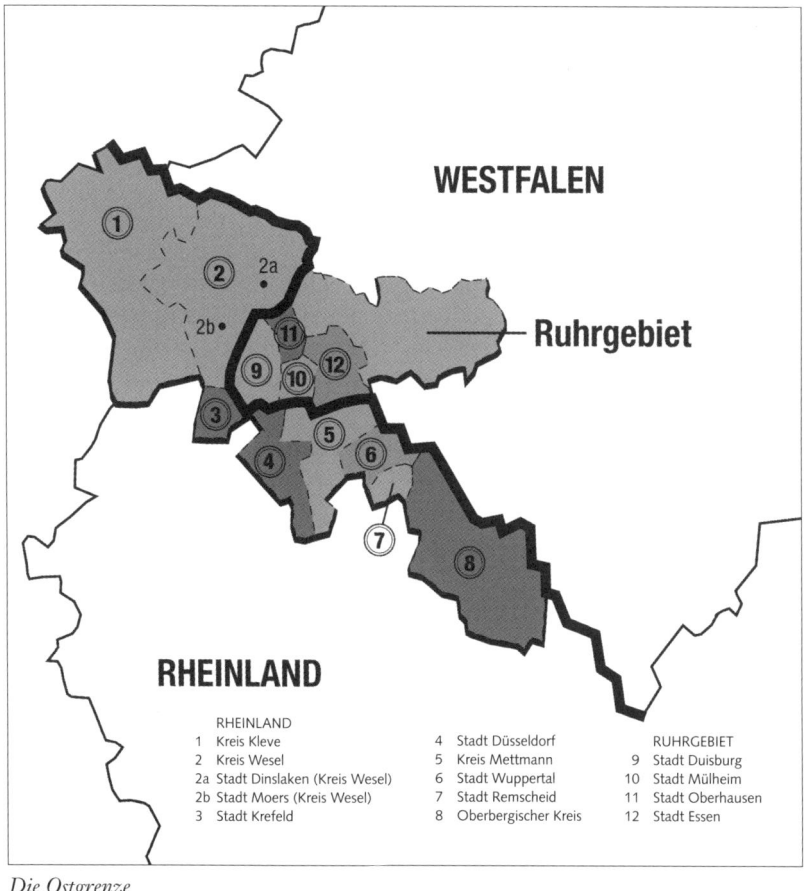

Die Ostgrenze

Historiker, Volkskundler und Sozialwissenschaftler stellten ebenfalls fest, dass sich das Ruhrgebiet kulturell, sozial und wirtschaftlich zu einer eigenständigen Region und ihre Bevölkerung ein Bewusstsein der Zusammengehörigkeit entwickelt hat. Bereits 1935 hatte Adam Wrede auf die „Erweiterung des Ruhrvolkes" hingewiesen, das „zu beiden Seiten der unteren Ruhr" und „in anderen Teilen des rheinisch-westfälischen Arbeitsgebietes" entstanden war.[31] Im Jahre 1948 charakterisierte der Journalist August Heinrichsbauer sein Land: „Es gibt nur ein unteilbares Ruhrgebiet. Jede Zerschlagung der in langen Jahren der Erprobung und Bewährung organisch gewordenen Zusammenhänge kann sich nur verheerend auswirken. Verwaltung, Industrie, Handel, Verkehr sind zu einer Einheit zusammengeschmolzen, genauso wie das ganze Industriegebiet zwischen Duisburg und Dortmund eigentlich nur eine einzige Großstadt bildet."[32] Die Ruhr ist „das Symbol für das Land", schrieb Wilhelm Brepohl etwa zehn Jahre später. Die Menschen bezeichnen sich untereinander mit „Wir", weil sie „das gleiche empfinden, in ähnlichen Gedanken urteilen und denken: besonders stark und eindrucksvoll, besonders deutlich allen bewusst – in Notzeiten ... Damit verbindet sich eine Raumvorstellung: man weiß, was zum Ruhrgebiet gehört und was nicht ... Unzweifelhaft gehören Hagen, Wuppertal, Düsseldorf und Hamm nicht dazu."[33]

Nach dem Urteil von Friedrich Landwehrmann wird „kaum jemand behaupten, dass Dortmund oder Duisburg ... jeweils mehr mit Düsseldorf, München, Kassel oder einer anderen Stadt außerhalb des Ruhrreviers gemeinsam haben als untereinander. Selbstverständlich haben sie unterschiedliche Funktionen. Das ist aber eher ein Argument für die Zugehörigkeit zu einer einheitlichen Region als dagegen. In einer Einheit haben nicht alle Teile gleiche Aufgaben, sondern gerade unterschiedliche, sich gegenseitig ergänzende ... Es gibt kaum eine Region ähnlicher Größe in der Welt, die so einheitlich in ihrem Selbstverständnis, in der Mentalität ihrer Bevölkerung und in ihrer Wirtschaftsstruktur geprägt ist wie das Ruhrrevier."[34]

Das Ruhrgebiet ist eine „unter den Bedingungen des Industrialisierungsprozesses entstandene neue deutsche Geschichtslandschaft". Sie ist „in ihrer Eigenständigkeit ebenso erfahrbar wie ältere Geschichtslandschaften, etwa Franken oder Oberbayern", und wird „trotz aller Wandlungen weiterhin in ihrer Eigenständigkeit erfahrbar bleiben".[35] Seit der Bergbau seine wirtschaftliche und soziale Bedeutung verloren hat, bildet die vorindustrielle Zeit einen Schwerpunkt der Geschichtsforschung im Ruhrgebiet. Dies zeigte die Ausstellung „Vergessene Zeiten. Mittelalter im Ruhrgebiet", die 1990/91 im Ruhrlandmuseum Essen zum ersten Mal das Mittelalter im gesamten Ruhrgebiet präsentierte.[36]

Selbstdarstellung und Werbung belegen ebenfalls, dass sich das Ruhrgebiet als eine eigenständige Region betrachtet. In Brüssel fanden die „Tage der Ruhr" statt, in Rostow am Dom die Ausstellung „Ruhrgebiet – heute schon Zukunft". Der Kommunalverband knüpfte Verbindungen mit Regionen und Großstädten in Europa, darunter mit Amsterdam, Brüssel, Hamburg, München, Mailand und Barcelona. Auf einem „Ruhrgebietstag" soll sich alle zwei Jahre „die ganze Ruhrgebietsfamilie" treffen.[37] Charakteristisch für die Region ist das in den Großstädten gesprochene Ruhrdeutsch. Dieser Dialekt entwickelte sich während der industriellen Revolution im 19. Jahrhundert aus dem in Westfalen und im südlichen Niedersachsen gesprochenen Westniederdeutschen. Das Ruhrdeutsche ist eine „Komplementärsprache, vergleichbar mit den Dialekten der süddeutschen Regionen", stellte der Sprachwissenschaftler Ahrend Mihm fest.[38]

Das Ruhrgebiet wird oft als „rheinisch-westfälisch" bezeichnet. Dieser Begriff charakterisiert keine unmittelbare Verbindung zwischen dem Fränkischen und dem Sächsischen, sondern eine, die erst unter der preußischen Herrschaft über das Rheinland und Westfalen entstanden ist. Dabei hat Preußen „wie eine verbindende gemeinsame Formkraft gewirkt", schrieb Wilhelm Brepohl. Das „Rheinisch-Westfälische" ist ein „Organisations- und Institutionsprinzip", nach dem die gemeinsamen Interessen der Wirtschaft des Ruhrgebietes zusammengefasst und in das politische und wirtschaftliche Leben eingeordnet werden. „Rheinisch-westfälisch" sind die Zusammenschlüsse der Industrie sowie Organisationen und Institutionen, die Verkehrsplanung, Straßenbau, Siedlungsplanung und Wasserversorgung koordinieren. Ihr Ziel ist es, den Raum und die Umstände in der Politik so zu gestalten, dass sich die Wirtschaft möglichst ungehindert entwickeln kann. Dabei darf sie sich nicht auf kleine Räume und Landschaften beschränken, denn eine „leistungsfähige Wirtschaft ist nicht regional, kaum national".

Deshalb setzten sich die Unternehmer bereits im 19. Jahrhundert für eine Weltpolitik ein. In ihr sahen sie die entscheidende Voraussetzung für die Entwicklung des Ruhrgebietes. Die imperialistische Politik des preußisch-deutschen Kaiserreichs betrachtete dieser „rheinisch-westfälische Geist" als „notwendige Voraussetzung für seine Arbeit". Trotz aller Gegensätze zu Bismarck beteiligte sich die Industrie des Ruhrgebietes am Weltverkehr, an der Weltwirtschaft und an der Gründung deutscher Kolonien. Als Organ der Großindustrie bejahte auch die Rheinisch-Westfälische Zeitung die Ideen Kaiser Wilhelms II., denn die Unternehmer an der Ruhr erstrebten weltweit offene Wege zu Rohstoffen und Absatzmärkten. Viele Industrielle förderten politische Parteien und Organisationen, welche die kaiserliche Politik unterstützten. Und doch waren die meisten

Unternehmer an der Ruhr sozialer und demokratischer als die Elite des Kaiserreiches. Im Ruhrgebiet galt der Titel eines Bergassessors mehr als der eines preußischen Leutnants. Wilhelm Brepohl bezeichnete diese Haltung als „besondere Form des westlichen Preußentums". Bereits gegen Ende des 19. Jahrhunderts unterschied sich die Gesellschaft des Ruhrgebietes von der des Rheinlandes. Das Rheinische wurde durch die „Völkervermengung größten Ausmaßes" vom Ruhrländischen verdrängt, während Spuren des Westfälischen noch zu erkennen sind. Heute ist das Ruhrgebiet einschließlich seiner zum Landschaftsverband Rheinland gehörenden Städte westfälisch geprägt, Duisburg vom unteren Niederrhein beeinflusst. „Das Ruhrvolk ... ist nicht westfälisch in dem engeren Sinne, steht aber dem alten Stammestum nahe, wie das Westfälische selbst wieder dem Niedersächsischen nahe steht." Deshalb ist das Ruhrgebiet in Westfalen keine „fremde Insel", sondern eine, „die sich aus dem alten Baugrund gestaltet und doch eigene Merkmale hat".

Zwischen dem Ruhrgebiet und dem Rheinland hat sich eine Grenze entwickelt. Sie wird von den Nord- und Westgrenzen der Städte Bottrop, Oberhausen und Duisburg sowie den Südgrenzen von Duisburg, Mülheim und Essen gebildet. Verlässt man das Ruhrgebiet, „herrscht eine Nachbarschaft ohne Übergänge, mit betonter Gegensätzlichkeit". Dies gilt vor allem für die Südgrenze. „An kaum einer zweiten deutschen Raumstelle kommt man so unvermittelt, so übergangslos aus einer Welt in eine gänzlich andere, wie etwa zwischen Düsseldorf und Bochum (40 km Luftlinie)", schrieb W. Hellpach.[39]

Von Essen folgt die Ostgrenze des Rheinlandes den Ostgrenzen der früheren Territorien Berg, Gimborn, Wildenburg und Sayn-Altenkirchen. In diesem Abschnitt stimmt sie mit der Ostgrenze der aufgelösten Rheinprovinz, der Regierungsbezirke Düsseldorf und Köln sowie des Landschaftsverbandes Rheinland und des Landes Rheinland-Pfalz überein.[40] Mit Ausnahme von Abweichungen im Raum Siegen bildet sie in etwa auch die Sprachgrenze zwischen dem Fränkischen und dem Sächsischen. Das moselfränkische, sächsisch beeinflusste Siegerland gehört seit 1815 zu Westfalen. Trotz des rheinischen Einflusses bestanden schon lange vorher Verbindungen mit der oberen Lahn und Westfalen. Die wichtigsten Verkehrswege, vor allem die Straße Siegen–Olpe–Hagen beweisen die Verbindungen mit dem Norden. Durch den Bau der Lenne-Eisenbahn wurde das Siegerland im 19. Jahrhundert zu einem „modernen Vorhof des westfälischen Ruhrreviers".[41]

Die rheinische Ostgrenze verläuft in Bensberg entlang der bergischmärkischen Wasserscheide. Sie trennt das zum Rhein orientierte Bergische Land von der zum Ruhrgebiet orientierten westfälischen Mark mit ihrem

Zentrum Hagen. Die Wupper wies der bergischen Bevölkerung die Orientierung zum Rhein, mit dessen Zentren sie seit dem Hochmittelalter verbunden ist. Die bergische Wirtschaft war im Unterschied zu der westfälischen immer westeuropäisch geprägt. Dies gilt auch für die bergische Kulturgeschichte, die von Flandern, Brabant und Nordfrankreich beeinflusst wurde.[42]

Die rheinisch-westfälische Grenze stimmt nördlich und südlich des Ruhrgebietes ungefähr mit den Abgrenzungen der Einzugsbereiche von Düsseldorf und Köln sowie Münster und Dortmund überein.[43] Die Grenze zwischen dem Rheinland und dem Ruhrgebiet entspricht in etwa derjenigen der Einzugsbereiche Düsseldorf und Essen. Im Raum Duisburg überschneiden sich beide Bereiche. Nach einem Gutachten der Stadt umfasst ihr Wirtschaftsgebiet außer Mülheim und Oberhausen am Niederrhein nur Moers und Dinslaken. Die mit ihr verflochtenen Städte und Gemeinden wurden bei der kommunalen Neugliederung 1975 Duisburg eingegliedert. Da sein Wirtschaftsgebiet von dem der rheinischen Städte Düsseldorf und Wesel sowie der Ruhrmetropole Essen umschlossen ist, sind seiner „weiteren Entwicklung ... Grenzen gesetzt".[44]

Rheinländer und Westfalen unterscheiden sich in vielen Lebensbereichen. Im Unterschied zu Westfalen wurde das Rheinland aufgrund seiner geografischen Lage nicht nur von den Niederlanden und Belgien, sondern auch von Frankreich und Südeuropa beeinflusst, „nach deren Seite es von sich aus nachdrücklichere Aufgaben hat".[45] Trotz des rheinischen Einflusses in Westfalen blieb der „Grundcharakter des Lebens" in beiden Landschaften verschieden. Beide stehen ihrer Umwelt mit einer sehr unterschiedlichen Grundhaltung gegenüber. Westfalen setzt auf die „Selbstbehauptung aus der Kraft der Landschaft". Nachdem die Niederlande 1648 das Heilige Römische Reich verlassen hatten, ging die Ausstrahlung Westfalens nach außen stark zurück. In der rheinischen Geschichte bilden die rheinisch-westfälischen Beziehungen nach dem Urteil von Franz Petri zwar „einen kräftigen Einschlag, aber doch nur einen Einschlag neben vielen anderen".[46]

Trotz gelegentlicher Zusammenarbeit grenzen Rheinländer und Westfalen sich auch außerhalb ihrer Landschaften voneinander ab. So wurde in der ersten Hälfte des 15. Jahrhunderts die Rivalität zwischen beiden innerhalb des Deutschen Ordens so stark, dass in Livland beinahe ein rheinisch-westfälischer Krieg ausgebrochen wäre. 1439 wollte der Deutschordensmeister Paul von Rusdorf die Westfalen aus der Leitung des mit dem Deutschen Orden verbündeten Livländer Schwertbrüder Ordens zu Gunsten der Rheinländer verdrängen. Die Westfalen warfen ihm vor, er habe „Parteien gemacht in unsrem Orden und im Lyflande, nämlich

Westphälinge zu einer und die Rheinischen nebst anderen Zungen in unserem Orden zu einer anderen Partei und hat sich auch selbst zur Partei gemacht, nämlich sich den Rheinischen angeschlossen, um die Westphälinge zu unterwerfen und zu unterdrücken, ohne Not und unverschuldet". Es kam zu einem bewaffneten Aufmarsch beider Parteien. Schließlich lenkten die Rheinländer unter der Bedingung ein, dass bei der Wahl eines Westfalen zum Meister der höchste Ordensbeamte ein Rheinländer sein sollte. Seitdem waren alle Ordensmeister Westfalen.[47]

Die Sachverständigen für die Neugliederung des Bundesgebietes stellten 1956 fest: „Das landsmannschaftliche Bewusstsein ist als ein rheinisches und ein westfälisches jeweils für sich klar ausgeprägt ... Die kulturelle Verbundenheit tritt im Bewusstsein der Bevölkerung als westfälische und rheinische in Erscheinung und ist darin deutlich ausgebildet ... Auch außerhalb des Landes etwa in Berlin, sind heimatliche Zusammenschlüsse von Rheinländern und Westfalen zu verzeichnen. Spaltungen sind weder im einheitlichen westfälischen noch im einheitlichen landsmannschaftlichen Bereich hervorgetreten ... Von einer besonderen landsmannschaftlichen Verbundenheit zwischen den Rheinländern und den Westfalen kann nicht gesprochen werden."[48]

Deshalb ist auch die Grenze zwischen dem Rheinland einerseits sowie zwischen Westfalen und dem Ruhrgebiet andererseits deutlich ausgeprägt. Nach dem Urteil von Wilhelm Brepohl handelt es sich um eine „echte Grenze". Im deutschsprachigen Raum gibt es „selten wieder einen solchen Gegensatz wie zwischen rheinischem und westfälischem Wesen, geschichtlich gesprochen zwischen Sachsen und Franken – nicht nur den Gegensatz, sondern auch die scharfe Abgrenzung, mit der auch heute noch die eine Struktur von der anderen abgetrennt ist".[49] Die Forschungen von Matthias Zender ergänzen und bestätigen den Befund von Wilhelm Brepohl.[50]

Die südwestdeutschen Landschaften

Die rheinische Ost- und Südgrenze vom Kreis Altenkirchen bis zum Rhein bilden die Ost- und Südgrenzen des Westerwald- und des Rhein-Lahn-Kreises. Sie ist zugleich die Grenze des Landes Rheinland-Pfalz. Im Jahre 1945 wurde sie von Frankreich geschaffen, indem es die zur preußischen Provinz Nassau gehörenden Kreise Oberwesterwald, Unterwesterwald, Unterlahn und St. Goarshausen im Regierungsbezirk Montabaur zusammenfasste. Dieser bildete mit den Regierungsbezirken Koblenz und Trier bis zur Gründung des Landes Rheinland-Pfalz 1946 eine Verwaltungseinheit. Im Zuge der kommunalen Neugliederung wurden aus diesen vier die oben genannten beiden Kreise gebildet und der Regierungsbezirk Montabaur mit Koblenz vereinigt. Die Zugehörigkeit des Gebietes zu Rheinland-Pfalz und damit zum Rheinland bestätigten die Wähler 1975 in einer Volksabstimmung.[51] Die Grenze zerschneidet die frühere Niedergrafschaft Katzenelnbogen und mehrere Ämter des ehemaligen Fürstentums Nassau-Dillenburg. Zwischen Westerburg und Diez sowie südlich von Kaub stimmt sie ungefähr mit den Grenzen der früheren Kurfürstentümer Trier und Mainz überein.[52]

Die Grenze verläuft zwischen dem überwiegend rheinischen Westerwald und dem westhessischen Bergland. Der in Hessen liegende Hohe Taunus bildet eine Barriere zum Rhein-Main-Tiefland.[53] Der Westerwald gehört überwiegend zum moselfränkischen Sprachraum. Bei Montabaur überschneiden sich der Kölner und der Trierische Einfluss. Bis 1794 teilte die Grenze der Erzdiözese Trier den westlichen Hintertaunus. Das heute zu Hessen gehörende Gebiet ist „aufs stärkste" nach Wiesbaden–Mainz–Frankfurt und Wetzlar–Gießen, das rheinische indes nach Koblenz orientiert. „Es handelt sich offenbar um eine Verkehrsscheide, die aus geografischen Gegebenheiten heraus sicherlich schon in ältester Zeit wirksam war", stellte Adolf Bach fest. Nach ihr richteten sich die späteren Grenzführungen. Rheinfränkische Einflüsse gibt es nördlich der Lahn nicht, da die zu Trier gehörenden oder von ihm beeinflussten Territorien für die Ausdehnung des Mainzer Kulturkreises ein unüberwindliches Hindernis bildeten.[54]

Die rheinische Südgrenze westlich des Rheins bilden die Süd- und Ostgrenze der Landkreise Trier und Birkenfeld sowie die Südgrenze des Rhein-Hunsrück-Kreises – etwa 2 km südlich der Pfalz bei Kaub überquert sie den Rhein. Im südlichen Hunsrück verläuft sie durch den Schwarzwälder Hochwald, den Hohen- und Idarwald sowie den Soonwald, deren Kämme Höhen von 818 m im Westen und 621 m im Osten erreichen. Sie trennen das pfälzisch-saarländische Muschelkalkgebiet, das Saar-Nahe-Bergland und das nördliche Oberrheintiefland vom rheinischen Schiefergebirge.[55]

Die Grenze vom Kreis Altenkirchen bis zum Großherzogtum Luxemburg folgt in etwa der moselfränkisch-rheinfränkischen Sprachlinie zwischen *wat* im Norden und *was* im Süden. Westlich des Rheins stimmt sie überwiegend mit der Linie *fest* im Norden und *fescht* im Süden überein. In einigen Gebieten weicht sie von beiden Linien ab. In den saarländischen Kreisen Merzig-Wadern und St. Wendel wird Moselfränkisch gesprochen. Das Rheinfränkische bildet beiderseits des Rheins einen Vorbruch bis nördlich von Kaub.[56]

DAS RHEINLAND UND SEINE NACHBARN

Die bei der Teilung des Karolingerreiches 843 gezogene Grenze entsprach zwischen dem Quellgebiet der Nahe und dem Rhein im Wesentlichen der heutigen rheinischen Südgrenze. Damals verblieb außer dem Mittel- und Niederrhein auch ein Teil des Saargebietes beim westfränkischen Reich. Dagegen gehörten der Raum Rheinhessen-Pfalz und der Kreis Bad Kreuznach zum ostfränkischen Reich.

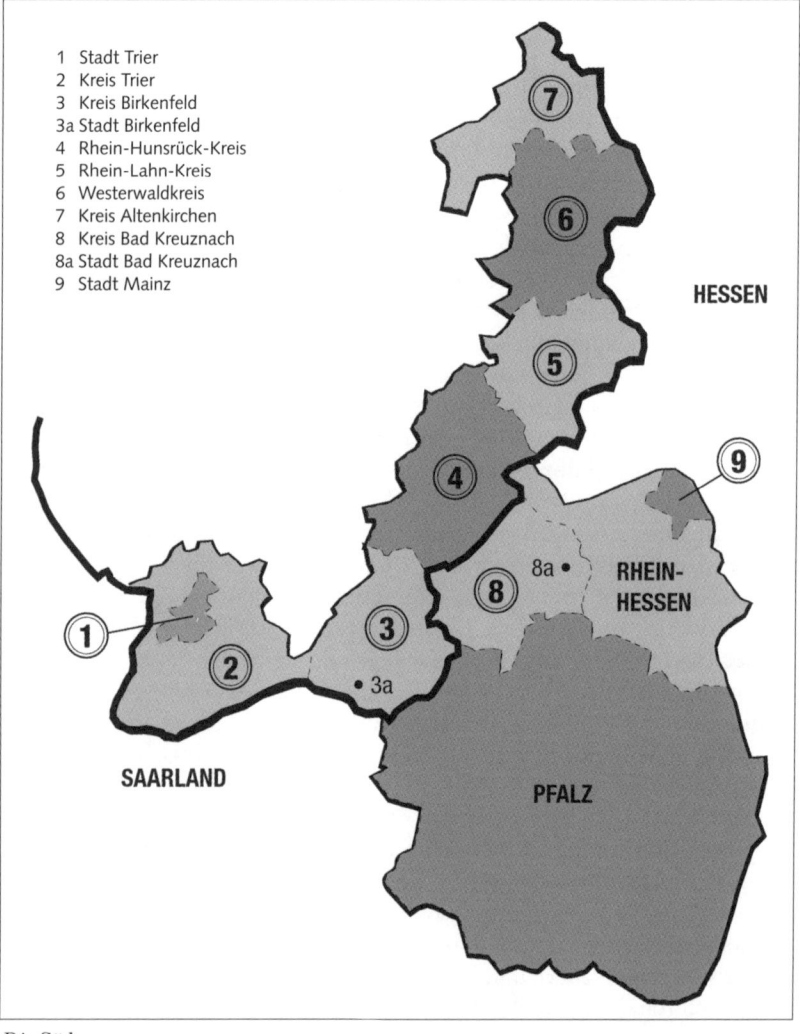

Die Südgrenze

Wilhelm Janssen hat auf die Bedeutung dieser Grenze hingewiesen: Sie band die Gebiete südlich des Hunsrück „stärker an einen der Machtschwerpunkte des ostfränkischen Reiches am Main an und gab ihnen damit ein politisches und kulturelles Profil, das sich immer markanter von demjenigen der weiter stromabwärts gelegenen Regionen absetzte". Daran änderten auch die vielen rheinisch-südwestdeutschen Bündnisse und Institutionen nichts.[57]

Heinrich Küppers bezeichnete den Hunsrück als „eine stark ausgeprägte Mentalitätsgrenze", die das Rheinland vom südwestdeutschen Raum trennt. Dieses Mittelgebirge scheidet „traditionell auch Landschaften mit höchst unterschiedlichen Religionsstrukturen und eigenen Geschichtserfahrungen".[58] Schon Ende des 13. Jahrhunderts standen die Landschaften nördlich des Hunsrück, besonders der Niederrhein, „politisch und kulturell in scharfem Gegensatz zu der *provincia Rheni* der Staufer am Oberrhein", schrieb Ursula Lewald. Nach einem Bericht der Kölner Königschronik wählten die Fürsten unter Führung Kölns einen Welfen zum Gegenkönig, weil sie es ablehnten, gegen ihren Willen von einem Schwaben regiert zu werden. Quellen belegen, dass „die Andersartigkeit des Schwaben empfunden und kritisch vermerkt" wurde.[59]

Die zum rheinfränkischen Sprachraum gehörenden Landschaften südlich des Hunsrücks sind alemannisch und lothringisch beeinflusst. Ihre Geografie, Geschichte und Kultur, ihre wirtschaftliche Struktur und politische Orientierung unterscheiden sich erheblich vom Rheinland. So erstreckte sich das Kurfürstentum Mainz mit Ausnahme eines kleinen Gebietes um die Stadt Mainz nur östlich des Rheins über Teile Hessens, Thüringens und Frankens. Es unternahm große Anstrengungen, seine Position in Mittel- und Süddeutschland auszubauen. Bis zum 15. Jahrhundert verlor es so viele Gebiete, dass es als Territorium keine bedeutende Rolle mehr spielte.[60]

Die Pfalz einschließlich der unteren Nahe entwickelte sich zu einem eigenen historischen Raum und orientierte sich nach Süddeutschland. Schon im 13. Jahrhundert wurde das östlich des Rheins gelegene Heidelberg ihre Hauptstadt. Im Hunsrück und an der Mosel besaß sie zwar einige kleine Gebiete, die aber mit den rheinischen nach Westen orientierten Territorien eng verflochten waren. Auch als die Pfalz im 17. und 18. Jahrhundert mit den rheinischen Herzogtümern Jülich-Berg in Personalunion regiert wurde, änderte sich ihre Orientierung nicht, denn 1720 wurde Mannheim Residenz. 1815 kamen Mainz und sein Umland zu Hessen-Darmstadt, die linksrheinische Pfalz zu Bayern, ihr rechtsrheinischer Raum um Heidelberg zu Baden. Entscheidend für den geschichtlichen Standort der Pfalz sind ihre Bindungen an Rheinhessen, Baden und das

Saarland. So ist die Westpfalz mit ihren Zentren Pirmasens und Zweibrücken geschichtlich vom Saarland nicht zu trennen. Dagegen haben ihre Bindungen an den Mittelrhein nur zweitrangige Bedeutung.[61] Die Territorien des Saargebietes orientierten sich nach Frankreich und Süddeutschland. Ab 1815 gehörte der größte Teil zur preußischen Rheinprovinz. Gegen Ende des 19. Jahrhunderts erhielt es eine eigene Verwaltung innerhalb des Regierungsbezirkes Trier mit Sitz in Saarbrücken. 1919 wurde es aus der Rheinprovinz ausgegliedert, 1957 deutsches Bundesland. In den Jahren 1946 bis 1949 legte der französische Zonenbefehlshaber die heutige Nord- und Ostgrenze des Saarlandes fest.[62] Im Nahegebiet gehörte nur der größte Teil des Kreises Bad Kreuznach zur Rheinprovinz. Birkenfeld war bis 1937 ein Landesteil Oldenburgs. Erst danach wurde der Kreis in den Regierungsbezirk Koblenz eingegliedert.[63]

In Rheinhessen und der Pfalz setzte sich überwiegend die Reformation durch. Während des 19. Jahrhunderts gab es ein „fast gleichrangiges Miteinander liberaler, sozialdemokratischer und christlicher Strömungen". Beide Landschaften waren Zentren der freiheitlichen deutschen Nationalbewegung, die 1832 mit dem Hambacher Fest, einer Massenkundgebung des süddeutschen Radikal-Liberalismus, ihren ersten Höhepunkt erreichte. Dort bildeten sich zwar die ersten Parteien, aber in der Weimarer Republik wurden die Demokraten früher und schneller von den nationalen Rechten und den Nationalsozialisten verdrängt als im Rheinland und anderen deutschen Landschaften. In der Pfalz und in Rheinhessen galt das Bismarckreich „trotz Hitler auch nach 1945" als die „Vollendung der deutschen Geschichte".

Der Raum nördlich des Hunsrücks blieb während der Reformation mit einigen Ausnahmen katholisch. Im 19. Jahrhundert entwickelte sich an Nieder- und Mittelrhein der politische Katholizismus „mit seinen Plädoyers für subsidiäre Funktionen in Staat und Gesellschaft, glaubensnahe Sozialwelten und unantastbare Freiräume der Kirchen, der für eine transzendental-naturrechtliche Begründung der Menschenrechte Front gegen aufklärerische Postulate machte". Nach 1945 kam es dort zu einer „Rückbesinnung auf die Vielfalt des kulturellen und politischen Lebens in der Zeit vor der Gründung des Bismarckreiches 1871".[64]

Die rheinische Grenze zwischen dem Kreis Altenkirchen und dem Großherzogtum Luxemburg ist zugleich die Grenze zwischen den Einzugsbereichen der Oberzentren Trier und Koblenz auf der einen, Saarbrücken, Kaiserslautern und Mainz–Wiesbaden–Frankfurt auf der anderen Seite. Der Kreis Bad Kreuznach ist durch seine zum Rhein-Main-Gebiet verlaufenden Verkehrswege dorthin orientiert. Das untere Nahetal einschließlich der Stadt Bad Kreuznach gehört zum Mainzer Einzugsbereich.

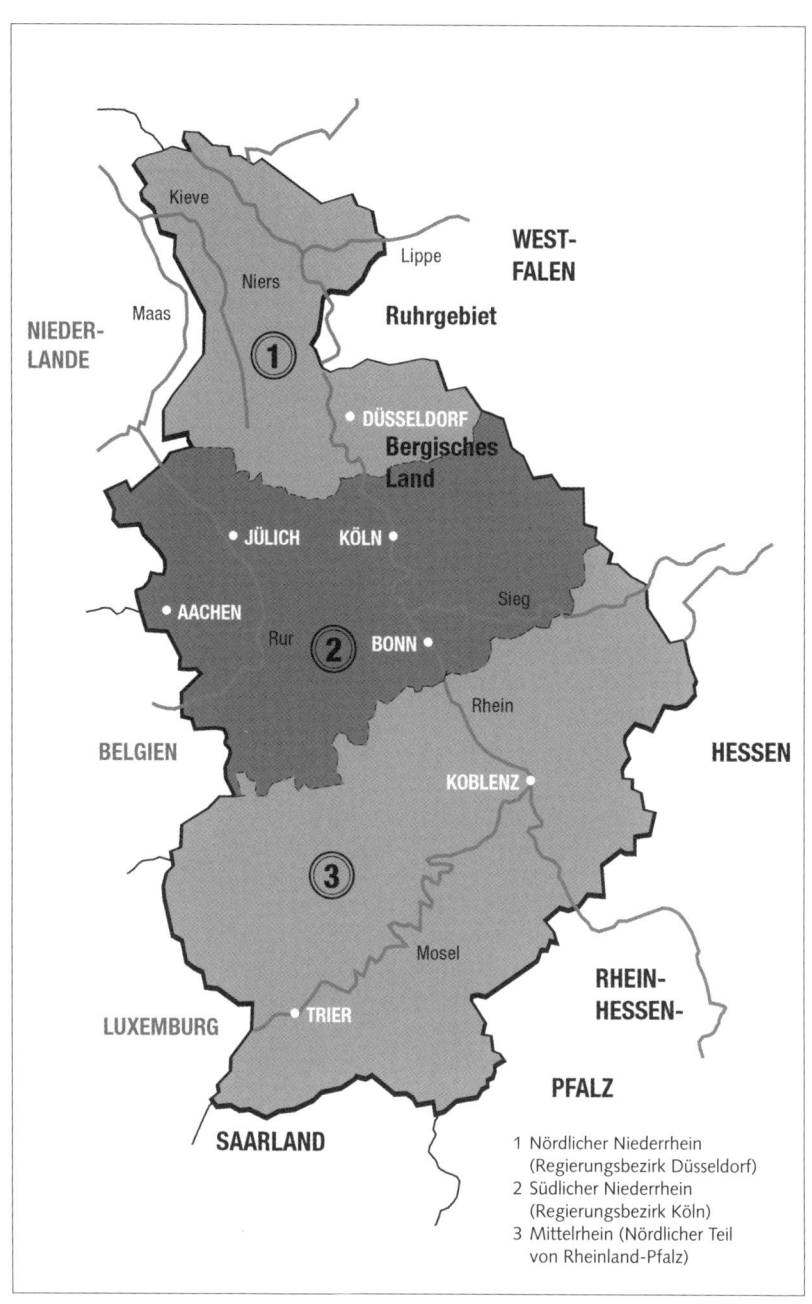

Das Rheinland heute

Saarbrücken verfügt als Landeshauptstadt über Einrichtungen eines Zentrums höchster Stufe. Der Verkehr mit dem Rhein wird über die Eisenbahn- und Autobahnachse Kaiserslautern–Mannheim abgewickelt. Ihre Bedeutung ist für das Saarland erheblich größer als die Verbindung über Trier nach Koblenz. Der Kreis Bad Kreuznach, Rheinhessen-Pfalz und das Saarland gehören aufgrund ihrer geografischen Lage, geologischen Struktur, Mundart, Kultur und wirtschaftlichen Orientierung zum südwestdeutschen Raum. Gelegentlich werden sie als Teil des „Oberrheinischen Systems" betrachtet und Süddeutschland zugeordnet.[65]

Trotz der fast 60-jährigen Teilung des Rheinlandes blieb die Orientierung der Einzugsgebiete von Koblenz und Trier zur Metropole Köln sowie in die „niederrheinische Stadt- und Industrieballungszone hinein" bestehen. Dies bestätigt ein von der Staatskanzlei Rheinland-Pfalz in Auftrag gegebenes Gutachten. Danach zählt der Westerwald zum Einzugsgebiet von Koblenz, das eine „gehobene Funktionsstellung im Süden des Kölner Einflusskreises" einnimmt. Dieser grenze im Limburger Becken an den von Frankfurt. Zum Kölner Einflusskreis gehören auch das Moseltal bis Trier und der Hunsrück bis ungefähr an die Südgrenzen der Kreise Trier, Birkenfeld und Rhein-Hunsrück. Vor allem für die Bevölkerung der Eifel und des Moseltals ist Köln „die führende Stadt, die geistige und wirtschaftliche Hauptstadt geblieben". Sie ziehen Köln dem Ruhrgebiet als neue Heimat vor.[66]

Das Rheinland

Das Rheinland umfasst den Landschaftsverband Rheinland ohne die Städte Duisburg, Oberhausen, Mülheim und Essen sowie das Land Rheinland-Pfalz ohne Rheinhessen, den Kreis Bad Kreuznach und die Pfalz. Auf einer Fläche von 24.300 km^2 lebten im Jahre 2002 etwa 10 Millionen Menschen, etwa 410 pro km^2. Der Niederrhein umfasste 12.043 km^2 und hatte etwa 8 Millionen Einwohner, 663 pro km^2, was 82 % der Bevölkerung entspricht. Am Mittelrhein lebten auf 12.255 km^2 etwa 2 Millionen Menschen, etwa 160 pro km^2 und 18 % der Bevölkerung.[67]

Heute stimmt das Rheinland im Wesentlichen mit dem alten Erzbistum Köln ohne dessen westfälisches und dem alten Erzbistum Trier ohne dessen französische, luxemburgische, saarländische und hessische Randgebiete überein. In diesem Raum entwickelten sich das niederrheinische und das mittelrheinische Territorialsystem des späten Mittelalters. Er bildete den größten Teil der preußischen Rheinprovinz, die von 1820 bis 1945 bestand. Zu ihr gehörten auch ein Teil des Ruhr- und des Nahegebietes

Das Rheinland

sowie etwa zwei Drittel des Saargebietes. Außerhalb verbleiben der von Trier geprägte Raum Montabaur und die untere Lahn.

Das Rheinland entspricht fast dem Einflussbereich seiner Metropole Köln. Seit der Antike haben Köln und Trier eine weit über ihr Umland hinausreichende Bedeutung. Sie entwickelten sich zu religiösen, kulturellen, politischen und wirtschaftlichen Zentren. Die Bedeutung von Düsseldorf, der Residenz der Herzöge von Jülich-Kleve-Berg und von Koblenz, der Hauptstadt des Niederstiftes Trier, wuchs seit der frühen Neuzeit. Bis heute sind diese vier Städte Zentren der wichtigsten Wirtschaftsräume und Einzugsbereiche: Düsseldorf für den nördlichen, Köln für den südlichen Niederrhein, Trier für den westlichen, Koblenz für den östlichen Mittelrhein. Unbestritten ist Kölns Stellung als geistige, kulturelle und wirtschaftliche Hauptstadt des Rheinlandes. Ihr Einfluss reicht von der niederländischen Grenze im Norden bis in das Trierer Tal, den Hunsrück und den Westerwald im Süden. Im Westen bildet die Grenze der Beneluxstaaten, im Osten die rheinisch-westfälische Sprachlinie in etwa die Grenze ihres Einflussbereiches.[68]

Das gesamte Rheingebiet von Basel bis zur Mündung gliedert sich in das Nieder- und das Oberland. Diese Gliederung beruht auf der Vinxtbachgrenze. Sie trennte die römischen Provinzen *Germania inferior* und *Germania superior* mit ihren Hauptstädten Köln und Mainz. Auf dem linken Rheinufer verlief die Grenze von der Mündung des Vinxtbaches zwischen Brohl und Niederbreisig in südwestlicher Richtung ungefähr auf der Wasserscheide zwischen Ahr und Rur im Norden sowie der Mosel im Süden. Der größte Teil des südlichen Raumes einschließlich der Kaiserresidenz Trier gehörte zur Provinz Belgica. Auf dem rechten Rheinufer wurde die Provinz *Germania superior*

Treverer in einheimischer Tracht. Römische Bronzestatuette.

vom Limes begrenzt. *Germania inferior* umfasste außer dem Kastell Deutz kein rechtsrheinisches Gebiet. Im 1. Jahrhundert n. Chr. siedelten nördlich der Grenze linksrheinische Germanen, südlich von ihr die zu den Kelten gehörenden Treverer. Bis zum Ende des 18. Jahrhunderts trennte die römische Verwaltungsgrenze die beiden Erzdiözesen Köln und Trier. Beide Räume entwickelten sich kulturell und wirtschaftlich unterschiedlich. Für beide Landschaften war Köln der wichtigste kulturelle und wirtschaftliche Mittelpunkt. So entstand der Eindruck, in Köln träfen Nieder- und Oberland zusammen. Schließlich betrachtete sich die Stadt mit dem von ihr geprägten südlichen Niederrhein nicht mehr als Teil des rheinischen Niederlandes, sondern als neutrale Zone. Aus Kölner Sicht beginnt der Niederrhein ungefähr an der heutigen Südgrenze des Regierungsbezirkes Düsseldorf. Diesen Raum bezeichnete der Kölner Ratsherr Hermann von Weinsberg im 16. Jahrhundert als „niederrheinisch".[69]

Das Rheinland gliedert sich in drei Kulturkreise: Den nördlichen Niederrhein mit seinem Zentrum Kleve, den südlichen mit der Metropole Köln und den mittelrheinischen mit dem Zentrum Trier.[70] Bis zum 10. Jahrhundert gehörte der nördliche Niederrhein zum altniederfränkischen Sprachraum, der auch Flandern und den größten Teil der Niederlande umfasste. Den Übergang zum ripuarischen Sprachgebiet am südlichen Niederrhein bildeten schon damals mehrere Linien. Die wichtigste von ihnen, die Benrather Linie, bildete für mehrere Jahrhunderte die Grenze der mittelfränkisch-niederfränkischen Lautverschiebung. Das Ripuarische gilt als eine niederfränkisch und mittelfränkisch geprägte Mundart. Auch der Übergang zum moselfränkischen Sprachraum am Mittelrhein verläuft noch heute in mehreren Linien zwischen Bonn und Andernach. Die Unterschiede zwischen dem West-Moselfränkischen und dem Ripuarischen sind sehr gering, was Theodor Frings mit Beispielen für die alten Köln-Trierer Bindungen nachgewiesen hat.[71]

In dieser ripuarisch-moselfränkischen Sprachlandschaft entwickelte sich die mittelfränkische Schriftsprache, die im Wesentlichen auf den beiden Mundarten beruhte.[72] Bisher sind über 50 Glossenhandschriften bekannt, davon 18 mit insgesamt 1.000 Wörtern aus dem 8. und 9. Jahrhundert. Die älteste, das Maihinger Evangeliar, stammt aus dem 698 gegründeten Kloster Echternach. Sie ist 50 Jahre älter als das wahrscheinlich in Freising entstandene Abrogansglossar, das lange als das erste althochdeutsche Sprachdenkmal galt. Echternach und die gegen Ende des 8. Jahrhunderts gegründete Kölner Domschule waren die bedeutendsten mittelfränkischen Skriptorien. Aus beiden sind je 13 Glossenhandschriften nachgewiesen. Zwei Skriptorien bestanden in Trier Klöstern, eines an der karolingischen Hofschule in Aachen, weitere in kleineren rheinischen Klöstern. Bis in die siebziger Jahre des 16. Jahrhunderts blieb das Mittelfränkische die wichtigste Sprache der Verwaltung und der Kirche, vermutlich auch der Schule, insofern das Lateinische nicht weiterhin vorherrschte. Allmählich wurde es durch die neuhochdeutsche Schriftsprache abgelöst.[73]

Der Niederrhein nördlich der Benrather Linie gehörte zum mittelniederländischen Sprachraum, der mit dem altniederfränkischen in etwa übereinstimmte. Er gliederte sich in mehrere Mundartgebiete mit unterschiedlichen Schreibdialekten.[74]

An der Maas, nördlich der französischen Sprachgrenze, und am Niederrhein wurde Rheinmaasländisch gesprochen. Bis in das 17. Jahrhundert nahm der Niederrhein niederländische Neuerungen auf. Sie wurden von Kolonisten und kulturellen, zum Teil kirchlichen Strömungen, in diese Landschaft getragen. Auch das Ripuarische war in dieser Zeit stark vom Niederländischen geprägt. Es drang nach Norden vor und beeinflusste den Südosten der heutigen niederländischen Provinz Limburg. „Die Benrather Linie faserte vom 14. bis 16. Jahrhundert zur Uerdinger Linie aus", schrieb K. Wagner. Heute ist sie wesentlich ausgeprägter als die Benrather Linie.[75]

Zwischen beiden Linien entwickelte sich die vom Ripuarischen stark beeinflusste südniederfränkische Mundart. Sie gehört mit dem nördlich der Uerdinger Linie gesprochenen Niederfränkischen sowie dem in niederländisch und belgisch Limburg und im Raum Eupen gesprochenen Limburgisch zum Rheinmaasländischen.[76] Auch das Moselfränkische nahm ripuarische Elemente auf, die teilweise jedoch wieder verschwanden oder an den Nordrand des Sprachraumes gedrängt wurden. Die für beide Mundarten charakteristische rheinische Akzentuierung verweist auf die im ersten Jahrtausend entstandenen Köln-Trierer Bindungen.[77]

Zwischen dem rheinmaasländischen und dem moselfränkischen Sprachraum bildet der ripuarische mit der Metropole Köln die Mitte des Rheinlandes. Theodor Frings wies auf Kölns „zentrale Stellung im Sprachleben der Rheinlande" und die seit über einem Jahrtausend bestehenden „sprachlichen Beziehungen und Verknüpfungen" hin. „Der überlandschaftliche Einfluss" ist zwar seit Anfang des 20. Jahrhunderts „stärker denn je. Aber er hat auch in früheren Jahrhunderten bestanden und gewirkt. Köln saugt in Mittelalter und Neuzeit und noch heute südliche landschaftliche und überlandschaftliche Formen an sich und gibt sie an die niederrheinische Ebene weiter. Aber auch sein eigenes bodenständiges Sprachmaterial presst es an die Grenze seiner landschaftlichen Einflusssphäre hinaus."[78]

Zudem sind die rheinischen Mundarten durch weitere Eigentümlichkeiten miteinander verknüpft. Alle haben in Wortschatz, Grammatik und

DAS RHEINLAND UND SEINE NACHBARN

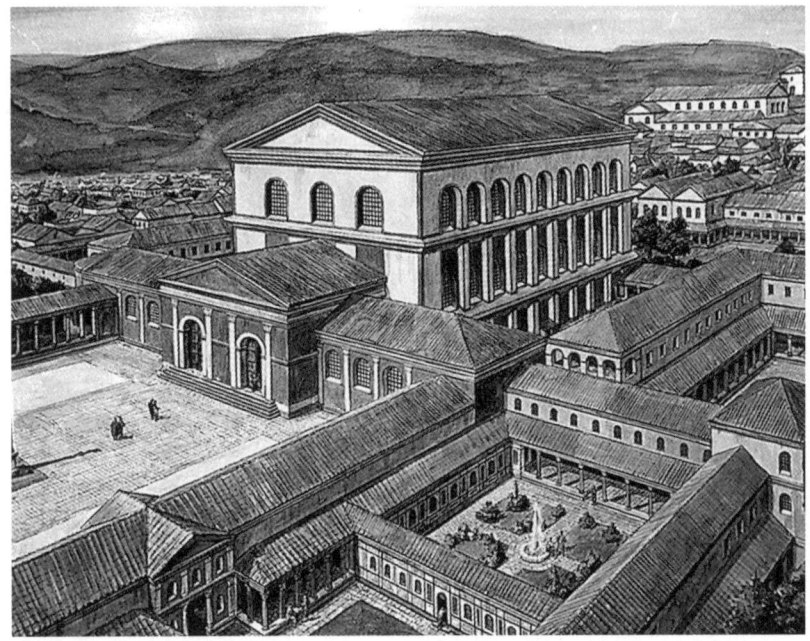

Rekonstruktion des römischen Trier von Lambert Dahm. Im Vordergrund der Kaiserpalast mit der Aula aus dem 4. Jahrhundert.

Aussprache Gemeinsamkeiten mit dem Niederländischen, die auch den Gebrauch des Deutschen beeinflussen. Am Niederrhein ist die Nähe zum Niederländischen erheblich größer als am südlichen Mittelrhein und im Raum Trier. Ein beträchtlicher Teil des Wortschatzes stammt aus dem Lateinischen und hat Ähnlichkeit mit entsprechenden Wörtern im Englischen, Niederländischen, Französischen und Italienischen. Eine wichtige Verknüpfung hat der seit Ende des 19. Jahrhunderts zunehmende Gebrauch des Hochdeutschen geschaffen, der die Mundarten beeinflusst, in einigen Schichten der Bevölkerung sogar verdrängt.[79]

Inzwischen ist das Interesse an den Mundarten wieder größer geworden. Zudem hat sich neben den Mundarten und dem Hochdeutschen ein aus Elementen beider Umgangssprachen bestehender rheinischer Dialekt entwickelt, dessen Wortschatz und Aussprache von den Mundarten geprägt ist.[80]

„Im Rheinland ist alles anders", schreibt Konrad Beikircher. „Hier spricht man deutsch, meint es aber mediterran, und damit prallen zwei

Welten aufeinander, die noch nie miteinander kompatibel waren – außer im Rheinland. Köln ist eher Neapel als Düsseldorf, welches eher Mailand ist als München, und so sind auch die Menschen." Mit der Sprache kann sich „eine Region gegen einen übermächtigen Gegner schützen, so wie es das Rheinische gegen das Hochdeutsche getan hat – eine der meisterhaftesten Charaden, die dieser Region gelungen sind: so zu tun, als spreche man deutsch, es aber auf eine Weise zu tun, dass es kein Auswärtiger versteht. Dazu ein paar grammatikalische Fußangeln hier, ein paar Bedeutungsverschiebungen dort, und schon steht das Hochdeutsche mit langem Gesicht vor dem Rheinland, erklärt es zur hoffnungslosen Zone und unterstellt damit etwas, was nie gegeben war: dass es dem Rheinland wichtig wäre, vom Hochdeutschen verstanden, geschweige denn in es integriert zu werden."

Die rheinische Kultur beruht auf der Antike und dem Christentum. Überall im Land stößt die Archäologie auf Überreste der Antike. In Trier gehören sie zum Stadtbild. Seit Jahrhunderten werden ihre Zeugnisse gesammelt. Auch kleine Fürsten legten Wert auf den Besitz archäologischer Funde aus römischer Zeit. In den vergangenen 50 Jahren wurden die

Basilika und kurfürstliches Schloss in Trier. Die von 1846 bis 1856 rekonstruierte Aula ist seitdem eine evangelische Kirche. Das Schloss war im 19. und 20. Jahrhundert Sitz des Regierungspräsidenten.

bestehenden Museen ausgebaut, ihre Sammlungen erheblich erweitert und neue errichtet. „Was auch dem flüchtigen Besucher auffällt, das ist der urbane Charakter des Landes und seiner Menschen und deren immer wieder zutage tretende geistige Verbindung mit der Antike", schrieb Joseph Klersch. „Die rheinischen Kinder wachsen mit der Antike auf oder lernen ihre Zeugen doch auf Ausflügen und Wanderungen kennen. Es ist aber ein Unterschied, ob man die Antike nur vom Lesen oder Hören oder vom Urlaub her kennt, oder ob man mit ihr sozusagen von Angesicht zu Angesicht aufwächst."[81]

Das Rheinland war immer ein Land der Städte. Nicht nur fast alle wichtigen Zentren, sondern auch viele Kleinstädte und Orte wurden in römischer oder keltischer Zeit gegründet. Alle weisen auf ihre Herkunft hin. 1487 schmücken die Kölner ihr Festhaus Gürzenich mit Statuen des Stadtgründers Agrippina und des römischen Sagenhelden Marsilius, nach dem Zweiten Weltkrieg den Neubau des Rathauses mit einer Bronzefigur Agrippinas der Jüngeren, der Köln die Erhebung zur Kolonie verdankte. Heute lebt etwa 40 % der Bevölkerung in Städten mit über 100.000 Einwohnern. Die vielen Groß- und Kleinstädte haben den Unterschied zwischen Stadt und Land verwischt, Dörfer tragen städtischen Charakter. Schon im Mittelalter waren die Grenzen zwischen Bauern und Bürgern fließend. Bauern lebten in den Außenbezirken der Städte, Gewerbe siedelte sich auf dem Land an. Deshalb gab es nie einen Gegensatz zwischen Stadt und Land, Hauptstadt und Provinz.[82]

Das Christentum kam schon sehr früh ins Rheinland. Um 250 bestand eine Gemeinde in Trier. Bereits 313 gehörte Maternus von Köln zu den bekanntesten Bischöfen der Kirche. Als Teilnehmer einer Synode in Rom wurde er an zweiter Stelle direkt nach Papst Miltiades genannt.[83] In römischen Kastellgründungen wie Xanten, Bonn, Andernach oder Boppard besteht ebenfalls eine 1500-jährige Tradition. Das Christentum hat in 1700 Jahren die rheinländische Gesellschaft stärker verchristlicht, als dies für andere deutsche Landschaften, nicht nur östlich und nördlich der Elbe, gilt. „Das hohe Ausmaß der zumindest formalen Verchristlichung" kennzeichnet die rheinische Kultur noch heute. Eine etwa 400-jährige Kontinuität besitzen auch die calvinistischen und lutherischen Gemeinschaften, die im 19. Jahrhundert zur Evangelischen Kirche im Rheinland zusammengefasst wurden. Ebenso alt wie die christlichen sind die jüdischen Gemeinden am Rhein. In einem Erlass aus dem Jahre 321 bestätigte Kaiser Konstantin die Aufnahme von Juden in den Kölner Stadtrat.[84]

Grundlegend für die weitere Entwicklung des Rheinlandes wurde die katholische Kirche. Sie prägte das gesamte Mittelalter, behauptete auch in der Neuzeit und in den beiden Jahrhunderten seit der französischen Revolution ihre führende Position. Trotz der Reformation blieb ihre Organisation vollständig intakt. Selbst in den wenigen evangelisch gewordenen Gebieten feierten Klöster, Stifte und einige Pfarrkirchen die katholische Liturgie weiter. In der evangelischen Herrschaft Hardenberg entstand im späten 17. Jahrhundert der bedeutende Marienwallfahrtsort Neviges, ohne dass die Bevölkerung ihre Konfession änderte. „Die für ein konfessionelles Mischgebiet einmalige katholische Kontinuität erstreckte sich nicht nur auf den mehr materiellen Bereich", stellte Heinz Finger fest. „Sie galt vor allem auch im Bereich der Pastoraltheologie, Liturgie, hierarchischen Organisation und Volksfrömmigkeit. Im Grunde betraf sie die gesamte religiöse Mentalität, und diese so universal beschaffene Kontinuität in der Reformationszeit ist es, die bis in die neueste Zeit fortlebte und die zur Ausprägung des typisch Rheinischen beigetragen hat."

Im Gegensatz zu den meisten deutschen Landschaften blieben die Kirchen und religiösen Gemeinschaften im Rheinland von der staatlichen Macht unbeeinflusst. Ohne Zweifel haben „die Folgen dieser Tatsache der rheinischen Religiosität eine besondere Prägung verliehen". Unter der preußischen Herrschaft entfremdeten sich Kirche und Staat so stark, dass „die Freiheit der Kirche zumindest zeitweilig durch eine enge Einbindung in die Gesellschaft abgesichert" wurde. „Hier liegen besonders wichtige Wurzeln des typisch rheinischen Katholizismus, der zu einem besonderen Ferment gesamtrheinischer Kultur geworden ist." Wie in Belgien entwickelte sich auch im Rheinland eine „Zusammenarbeit, ja Gemeinschaft von Christentum und Liberalismus", die es in Deutschland lange Zeit nicht gab.[85]

Matthias Zender charakterisierte das Rheinland als ein Land, „in dem Bruchstücke aller Situationen und Begebenheiten der Vergangenheit übereinander geschichtet und vermischt weiter bestehen, in dem man es aber immer wieder fertig brachte, diese ganze traditionsbeladene Welt mit den allgemeinen Lebensverhältnissen in Einklang zu bringen".[86] Das Interesse an der Vergangenheit beweist eine kaum zu überblickende Vielfalt von Veröffentlichungen zu lokalen und regionalen Themen ebenso wie die vielen Geschichtsvereine. Oft dienen sie als Vermittler zwischen der Geschichtswissenschaft und interessierten Laien, wecken ihren Sinn für Geschichte, erfüllen ihr Bedürfnis nach Information über die Vergangenheit ihrer unmittelbaren Umgebung und tragen damit zum Verständnis der Gegenwart bei. Ohne Kenntnis der Geschichte kann niemand „Bürger im politischen Sinne des Wortes sein", schrieb Klaus Pabst. Die Geschichtsvereine dienen der „demokratischen Grundforderung ... nach geschichtlicher Bildung und Geschichtsverständnis als einem ‚Bürgerrecht für jedermann'".[87] Offensichtlich identifiziert sich die große Mehrheit der

Rheinländer bewusst oder unbewusst mit ihrer Kultur. Nach einer Untersuchung der UNESCO gehört das Rheinland zu den fünf lebendigsten Kulturregionen der Welt.[88] Die wichtigste Basis dieser Kulturlandschaft bilden Gewerbe, Handel und Industrie. Ihre Entwicklung wurde durch die geografische Lage begünstigt. Das Rheinland bildet mit den Niederlanden, Belgien und Luxemburg das wichtigste Verkehrskreuz Europas, jenen „Carrefour de l'Europe", von dem Henri Pirenne im Vorwort seiner Geschichte Belgiens gesprochen hat.[89] Zu allen Zeiten gab es einen intensiven Verkehr vom Rheinland in andere Länder und aus diesen an den Rhein. Kaufleute und Reisende bewegten sich auf den Straßen, kamen in Kontakt mit der Bevölkerung, die sich an den Umgang mit Fremden gewöhnte und durch sie „dauernd in Bewegung gehalten" wurde. Die „Beweglichkeit, die Aufgeschlossenheit, die Aufnahmefähigkeit" unterscheidet sich nach Meinung des Volkskundlers Karl Meisen „bis zu einem gewissen Grade" von den Deutschen Mitteleuropas. Auch das „starke Selbstständigkeitsgefühl" hat seine Ursache in dem „lebhaften Umgang mit anderen Menschen und in dem Bestreben", Schwierigkeiten zu überwinden, um die gesteckten Ziele zu erreichen. „Das Selbstständigkeitsgefühl aber ist die Grundlage für ein ebenso starkes Selbstbewusstsein."[90]

Die Rheinländer können nicht zu Hause bleiben, denn ihre Heimat ist in die Nachbarlandschaften eingespannt, sagte Mattias Zender.[91] Zu allen Zeiten sind Rheinländer verreist und ausgewandert. Zugleich hat das Rheinland Menschen aus anderen deutschen und europäischen Landschaften, in den vergangenen Jahrzehnten aus aller Welt aufgenommen und integriert. Einwanderer wurden Rheinländer, indem sie sich im Land niederließen und sich zu seiner Kultur bekannten. Viele von ihnen haben sie mitgestaltet, einige rheinische Interessen ebenso mit Erfolg vertreten wie im Land Geborene. Ein- und Auswanderer knüpften Beziehungen zu anderen Völkern, besonders in Europa.

Seit über 1000 Jahren orientieren sich die Rheinländer nach Großbritannien und Frankreich, Italien und dem Mittelmeerraum. Im deutschsprachigen Gebiet liegt der Schwerpunkt in Süddeutschland, der Schweiz und Österreich. Der Offenheit für Fremde und ihre Zivilisationen entspricht ein ausgeprägtes europäisches Bewusstsein, das sie mit ihren westlichen Nachbarn teilen.

Dies zeigen auch einige Werke rheinischer Schriftsteller. Die vom Trierer Land, den romanischen Kulturen des Mittelmeerraumes und dem Christentum geprägten Romane und Erzählungen von Stefan Andres schildern die Begegnung von Menschen unterschiedlicher Kulturen und werben für die Versöhnung der früheren Kriegsgegner. Die Bedeutung von Städten und Landschaften, Religion und Geschichte für das Selbstverständnis der Rheinländer wird in den Werken des Kölner Lyrikers Roggendorf deutlich. In seinen meisterhaften Gedichten beschreibt er die Metropole Köln und das Moseltal.[92]

Universales Denken und Freiheit bedingen einander. Der Rheinländer hat ein „Gefühl ... für Freiheit und Unabhängigkeit, die er beide, obwohl er ... fremden Einflüssen leicht zugänglich ist, über alles liebt", schrieb Karl Meisen.[93] Die durch den Frühkapitalismus verursachte Armut führte im 19. Jahrhundert zu der Einsicht, dass Freiheit und Menschenwürde auf Dauer nur gesichert werden können, wenn ein Mindestmaß an sozialer Gerechtigkeit herrscht. Das Bemühen um die Unterschichten und Randgruppen der Gesellschaft hatte bereits in der Spätantike und im Mittelalter große Bedeutung. Karl Schmid führte die Sorge um die Armen auf die Verantwortung zurück, die jeder Herrscher und Bischof für die ihm anvertrauten Menschen hatte. Auch das Totengedenken für wohltätige Geistliche und Laien war mit karitativen Werken verbunden. Im Erzbistum Köln wirkten der „karitative Reichskanzler" und Erzbischof Heribert (999–1021) sowie der „Staatsmann und kirchliche Wohltäter" Anno II. (1056–1075).[94] Diese Tradition der Caritas wurde im 19. und 20. Jahrhundert von kirchlichen Organisationen, weltlichen Vereinen, politischen Gruppen und Parteien fortgeführt. Der Priester Adolf Kolping, Gründer der Gesellenvereine, die Ordensstifterin Franziska Schervier, der Sozialdemokrat August Bebel, der Philosoph Karl Marx, der Kaufmann, Publizist und Politiker Friedrich Engels, die Kölner Erzbischöfe Joseph Kardinal Höffner und Joseph Kardinal Frings und der Jesuit Oswald von Nell-Breuning sind einige Beispiele für Persönlichkeiten, die aus religiösen, philosophischen und politischen Gründen für soziale Gerechtigkeit geworben und gekämpft haben.[95]

Mit der ersten Sozialenzyklika versuchte Papst Leo XIII. 1891 eine Antwort auf die Fragen der gesellschaftlichen Ordnung und des menschlichen Zusammenlebens im industriellen Zeitalter. Bereits 1886 hatte er auf Bitten des Kölner Erzbischofs Paulus Kardinal Melchers den über 1000-jährigen Kult des heiligen Arnold von Arnoldsweiler approbiert. Geistlichen und Pilgern aus dem Rheinland teilte der Papst mit, dadurch wolle er die Kirche, die weltlichen Autoritäten und die Wohlhabenden an ihre karitative Verpflichtung erinnern. Arnold, ein Adeliger aus der Umgebung Karls des Großen, unterstützte Arme, befreite Unterdrückte aus ihrer Abhängigkeit und schenkte den Einwohnern von 20 Orten westlich von Köln den Wald zwischen Elle und Erft als Eigentum, um ihre wirtschaftliche Basis zu sichern. Als Gegenleistung waren die Pfarreien verpflichtet, jährlich vor

Arnold von Arnoldsweiler, Fresko aus dem Tedeum von Peter Mecker. In diesem Bild weisen der Gott Pan und der Tempel auf die Antike, Arnold auf das Christentum als Basis der rheinischen Zivilisation hin.

dem Grab ihres Wohltäters in der alten Pfarrkirche von Arnoldsweiler bei Düren Kerzen zu opfern. Auf seinen aus dem Totengedenken entstandenen Kult wies Petrus Canisius im 16. Jahrhundert hin. Die Verehrung des heiligen Arnold ist an Nieder- und Mittelrhein, vor allem im Jülicher Land und in Köln, aber auch in Belgien und den Niederlanden nachzuweisen.[96] In den Jahren 1952 und 1955 erneuerte der 1884 in Türnich bei Köln geborene, 1971 in Scheuren bei Altenberg verstorbene Maler Peter Hecker in der alten Pfarrkirche von Arnoldsweiler seine im zweiten Weltkrieg zerstörten Fresken von 1913. Es sind „vor allem die gewaltigen Fresken, die den Meister in ganz besonderer Weise auszeichnen", schrieb die Kunsthistorikerin Dorothea Eimert. Obwohl „Heckers Schöpfungen den Werken der Großen auch ebenbürtig sind", haben sie keine „weltweite Bedeutung erlangt". Dies liegt vor allem daran, dass seine „monumentalen und bedeutenden Werke, nämlich die Fresken, an den Ort der Entstehung gebunden sind".[97]

Peter Heckers „Tedeum" in Arnoldsweiler zählt zu den bedeutendsten Werken der kirchlichen Wandmalerei im Rheinland seit 1945. Es schildert die Grundlagen des christlichen Glaubens und ein christliches Leben am Beispiel des heiligen Arnold. Den Schwerpunkt bilden das menschliche Zusammenleben in Freiheit, karitative Werke, die Gleichheit aller Menschen vor Gott und das in der Vita angedeutete universale Denken. Dies zeigt die Konzeption des Werkes mit Gott als Mittelpunkt der Menschheit und Hinweise auf die vielfältigen Beziehungen der Rheinländer zu anderen Völkern. Antike und Mittelalter als Basis der heutigen Zivilisation sind ebenso symbolisch dargestellt wie Leben und Arbeit der Menschen, ihre Feste einschließlich des Karnevals sowie ihr Leiden und Sterben. Das Werk bezieht sich auf die zentralen Bereiche der menschlichen Existenz, wobei die natürliche und die übernatürliche Welt miteinander verbunden sind: „Jenseits und diesseits werden eins in der ganz transzendenten und ganz weltlich immanenten Situation des Tedeum", schrieb der Kölner Theologe Theodor Schnitzler über den ambrosianischen Lobgesang, der seit über 800 Jahren das Thema der Wallfahrt zum Grab des heiligen Arnold bildet.[98]

Ein Ausdruck der Freiheit und der Zusammengehörigkeit ist der Karneval. Dieses Fest, ein „komisch-satirisches Spiegelbild des Lebens" wird jedes Jahr „um der Freiheit willen gefeiert", schrieb Joseph Klersch.[99] Im Mittelalter hatte der Karneval zwei Ziele: Die Negation der weltlichen Ordnung durch die Umkehr der Hierarchien und die satirische Kritik an Sitten, gesellschaftlichen Rangordnungen, Äußerungen und Handlungen der geistlichen und weltlichen Obrigkeit. Das Fest verweist auf Zitate und Gleichnisse Christi in den Evangelien, wonach alle Menschen vor Gott gleich sind, gesellschaftliche Rangordnungen vor ihm nicht gelten und das Ende der Welt nicht überdauern.[100] Die Wirkung des Karnevals für die seelische Gesundheit des Menschen fassten der Psychologe Wolfgang Oelsner und der Journalist Rainer Rudolph in drei Begriffen zusammen: „Frohsinn statt Trübsal", „Zuversicht statt Angst" und „Humor statt Aggression". Dies seien „Eigenschaften, die den Menschen nur nutzen können. Um ihnen diese zu wünschen, bedarf es nicht einmal der Mitgliedschaft in einer religiösen Gemeinschaft." In „ihrer großen Menschlichkeit" sind sie „eben auch ureigene Gegenstände der Psychologie."[101] Der Karneval stirbt am Dienstag vor dem Aschermittwoch spätestens um Mitternacht. An einigen Orten wird er durch Verbrennen oder Versenken einer Strohpuppe in einem Fluss symbolisch beerdigt.[102] Die Liturgie des folgenden Tages erinnert an das Sterben als einem Teil des menschlichen Lebens und leitet die Fastenzeit als Vorbereitung auf das Osterfest ein. Die Feier dieses Tages weist auf die Auferstehung Christi und das Leben nach dem Tode hin.

Der Karneval verdeutlicht die universalen Traditionen des Rheinlandes, denn an ihm beteiligen sich im Land Geborene und Einwanderer, katholische und evangelische Christen, Angehörige anderer Religionsgemeinschaften und Konfessionslose, Menschen aus aller Welt, die im Rheinland leben. In seinen Festzügen und Sitzungen stellt er Szenen aus der rheinischen Geschichte dar, kommentiert Vorgänge aus Politik und Gesellschaft, übernimmt Elemente anderer Kulturen, verbindet alles zu einem farbigen, lebendigen Bild von den Menschen und ihrer Welt. Auf die Bedeutung des Karnevals wies Papst Johannes Paul II. hin, als er 1983 im Vatikan das Kölner Dreigestirn, das Festkomitee und Vertreter einiger Gesellschaften empfing, die in ihren Kostümen gekommen waren.[103] Er gilt als der größte nördlich des Äquators und nach Rio de Janeiro als der zweitgrößte der Erde.

Im 19. Jahrhundert wurde der rheinische Karneval zum Protest gegen Unfreiheit und Fremdherrschaft. Die Revolution von 1848 brach im Rheinland während des Straßenkarnevals aus und brachte Politiker an die Macht, die mehrere Jahre als Büttenredner den Karneval mitgestaltet hatten. Die Sitzungen und Umzüge gehörten zu den wenigen Gelegenheiten, die von den Machthabern bekämpften demokratischen Ideen zu verbreiten. Trotz vieler Schikanen und Verbote gelang es weder den französischen Revolutionären noch dem despotischen Regime Napoleons und den preußischen Besatzern, den Karneval zu beseitigen. Dagegen missbrauchte die NS-Diktatur das Fest als Propagandaforum für ihre Ideologie. Mehrere Karnevalsgesellschaften und ihr Führungspersonal wirkten daran mit oder duldeten die Auftritte der NS-Organisationen einschließlich der antisemitischen Hetze stillschweigend. Aber es gab auch Protest. Die Kölner „Rosenmontagszeitung" von 1938 stellte Hitlers Propagandaminister Joseph Göbbels als Lügner dar, machte andere Paladine des Regimes und ihre SA-Schlägertruppe lächerlich.

Nach dem Zweiten Weltkrieg knüpfte der Karneval wieder an seine jahrhundertelange freiheitliche Tradition an und entwickelte sich zum bedeutendsten überregionalen Volksfest im Rheinland. Allein am Niederrhein nahmen 2000 und 2001 über 4 Millionen Menschen am Sitzungs- und Straßenkarneval teil, davon ca. 1,3 bis 1,5 Millionen am Kölner Rosenmontagszug. Die Zahl der Fernsehzuschauer erreichte 2001 22,3 Millionen Sicher interessiert sich mehr als die Hälfte, wahrscheinlich mindestens zwei Drittel der rheinischen Bevölkerung, für den Karneval. Rückblickend auf seine Geschichte schrieb Hildegard Brog: „Im Beharren der Rheinländer auf ihrem Karneval und dem Ignorieren von Verboten zeigte sich der Drang nach Selbstbehauptung. Rheinischer Eigensinn machte den Karneval zum Identifikationsfaktor. So diente der jährlich wiederkehrende Ausbruch rheinischen Frohsinns der kollektiven Selbstinszenierung des Gemeinwesens."[104]

GESTALTENDE KRÄFTE

Fernand Braudel hat darauf hingewiesen, dass Fachleute Grenzen erkennen können, die schon seit einigen tausend Jahren aufgehoben sind. Alte Grenzen, von denen man glaube, sie seien verschwunden, bestünden noch immer. Als Beispiele nannte er die Grenze zwischen dem weströmischen und dem oströmischen Reich und den Limes. Bis heute trennte die ehemalige Grenze zwischen dem Imperium Romanum und Germanien zwei unterschiedliche Kulturräume: einen Teil West- und Süddeutschlands vom nicht romanisierten Deutschland.[105]
Immanuel Geiss nennt den Limes eine europäische „Strukturgrenze". Als „Zivilisationsscheide" habe sie heute „nur noch historischen Erklärungswert, aber die Geschichte der Völker diesseits des Limes verlief grundsätzlich anders als jenseits". Die nicht überwiegend zum Rhein orientierten Gebiete östlich von ihm sowie diejenigen zwischen Rhein und Limes in Südwestdeutschland werden oft als Übergangsraum zwischen West- und Mitteleuropa betrachtet.[106] Das Rheinland liegt zu etwa drei Vierteln westlich von Rhein und Limes, wo auch ungefähr zwei Drittel seiner Bevölkerung leben.[107]

Lotharingien

Im 5. Jahrhundert überlieferte Sidonius den Begriff *terrae Belgicae sive Rhenanae*. Mit *terrae Rhenanae* wurden damals die beiden römischen Provinzen Ober- und Niedergermanien bezeichnet. Der Kosmograph von Ravenna berichtet im späten 7. Jahrhundert über die *Francia rinensis*. Sie umfasste Niedergermanien, Belgica I und ein kleines Gebiet Obergermaniens am Mittelrhein. Im Norden reichte sie fast bis an das Rheindelta, im Westen bis Maastricht und Namur, im Südwesten bis Toul. Wahrscheinlich handelte es sich um das Reich Chlodwigs vor seinen Siegen über die Alemannen 496 und 506. Dessen Kerngebiet bildete Niedergermanien mit der Hauptstadt Köln.[108] Das dort gelegene „Ribuarien", sinngemäß „Rheinuferlandschaft", ist „das früheste Beispiel einer sprachlich und räumlich direkt auf den Strom bezogenen Art Rheinprovinz", stellte Franz Petri fest.[109]
Unter den Merowingern gehörte sie zum Teilreich Austrasien, bildete unter Karl dem Großen und seinem Sohn Ludwig dem Frommen das Kerngebiet des Frankenreiches. Ab 794 wurde Aachen Karls Residenz. Dort hielt er sich die meiste Zeit des Jahres auf. Die Pfalz und die Marienkirche, das bedeutendste Großbauwerk seiner Regierung, verdanken ihre

bauliche Ausgestaltung dem Wettstreit mit Byzanz. Dies gilt auch für die Hofschule und die Hofkapelle. Ab 781 leitet sie der Kölner Bischof Hildebold, der den Kaiser in Kirchenfragen beriet. Ihm verdankte Köln den Bau des karolingischen Domes, vermutlich auch die Erhebung zum Erzbistum. Im Testament Karls wurde es von den 23 Bistümern des Reiches an erster Stelle genannt. Er wurde an seinem Todestag, dem 18. Januar 814, in der Marienkirche bestattet. Bis etwa 830 behauptete Aachen seine Stellung als wichtigste Residenz des Frankenreiches. Sie wahrte die Kontinuität des Ortes, als die Bedeutung der Pfalz schwand. Mit den Herrschern des Heiligen Römischen Reiches blieb sie eng verbunden, wie ihr Ausbau und die Geschenke bezeugen. Hier wurden von 936 bis 1531 dreißig Könige gekrönt.[110]

Ludwig der Fromme starb 840. Die Fuldaer Annalen berichten, sein Sohn Ludwig der Deutsche binde die „Ostfranken, Alemannen, Sachsen und Thüringer durch Treue an sich".[111] 843 teilten er und seine Brüder das Reich unter sich auf. Karl der Kahle erhielt das westfränkische Reich, Lothar das Mittel-, Ludwig das ostfränkische Reich. Dieses umfasste außer den erwähnten Völkern westlich des Rheins nur den Raum zwischen Hunsrück und Elsass, der mit den Zentren am Main eng verbunden war. Mainz war die *Metropolis Germaniae*, denn seine Kirchenprovinz bestand aus den Bistümern des östlichen Sachsen, Frankens, Schwabens und Straßburg im Elsass, das später in das ostfränkische Reich wechselte. Die Völker dieses Reiches – Alemannen, Baiern, Ostfranken und Sachsen – wurden nach der Bildung des deutschen Volkes zu „Stämmen". Die ersten Belege für diese Entwicklung stammen aus dem 11. Jahrhundert. Der 1009 ermordete Brun von Querfurt und andere Autoren verwendeten die Bezeichnung *theodiscus*, später *teutonicus* im Sinne von „deutsch" für die Sprache und das Volk. Kaiser Heinrich II. nannte sich 1020 *rex Teutonicorum, imperator augustus Romanorum*. Danach ist der Begriff *regnum Teutonicum* erst wieder 1075 belegt.[112] Kurz nach 1200 sah Walther von der Vogelweide die Deutschen als eine kulturelle Gemeinschaft zwischen Rhein, Elbe und Ungarn.[113]

Die Entwicklung des Rheinlandes verlief anders. Bei der Teilung des Frankenreiches 843 wurde es dem Mittelreich zugeschlagen. Nach dessen Teilung 855 verblieb es in dem von Lothars Enkel Lothar II. regierten Nordreich, das nach ihm Lotharingien genannt wurde. Zu ihm gehörten die Bistümer Utrecht, Cambrai, Lüttich, Köln (ohne sein westfälisches Gebiet) Trier (ohne seinen rechtsrheinischen Teil), Metz, Toul und Verdun. Es entsprach in etwa den heutigen Niederlanden, Belgien östlich der Schelde, dem östlichen Teil des französischen Departements du Nord, der Region Lothringen, Luxemburg, dem Saarland und dem linksrheinischen

GESTALTENDE KRÄFTE

Lotharingien nach seiner Teilung in Nieder- und Oberlotharingien (Lothringen) und seiner Eingliederung in das Ostfränkische Reich im 10./11. Jahrhundert.

Gebiet des Rheinlandes. Seine Grenze mit dem ostfränkischen Reich verlief von Emmerich bis Duisburg einige Kilometer östlich des Rheins, diesen entlang bis südlich von Kaub, von dort in einem Bogen über den Hunsrück, bis zur Lauter. Der Nahe-, Wormsfeld- und Speyergau, ungefähr das Gebiet des Raumes Rheinhessen-Pfalz und des Kreises Bad Kreuznach, gehörten zum ostfränkischen Reich.

Die großen Flüsse Mosel, Maas, Sambre, Schelde und Rhein verbanden Italien mit der Nordsee. Diese seit der Antike bestehende Verkehrsachse begünstigte die Handelsverbindungen zwischen dem Mittelmeer und den britischen Inseln.[114] Lotharingien charakterisierten nach den Worten Wilhelm Janssens „in besonderer Weise die Eigentümlichkeiten der fränkischen Reichsbildung": die „Mischung von romanischer und germanischer Bevölkerung, von spätantikem Kulturerbe und fränkischen Rechtstraditionen wie Lebensformen, von romanischer und fränkischer Sprache".[115]

Weder die romanisch-germanische Sprachgrenze noch seine spätere Teilung haben seine soziale, politische und religiöse Einheit beeinträchtigt. Ihr Fundament bildeten die in vielen Lebensbereichen eng miteinander verbundenen Bistümer, große Abteien und die untereinander verwandten Adelsgeschlechter, die auch im westfränkischen Reich und in Italien über großen Einfluss verfügten. Thomas Bauer hat die Beständigkeit des „lotharingischen Eigenbewusstseins, Eigenständigkeitsempfindens und Zusammengehörigkeitsgefühls" nachgewiesen. Die „Vertiefung, Weitergabe und Bewahrung" dieser „klar fassbaren affektiv-emotionalen Haltung" ist bis in die Mitte des 13. Jahrhunderts zu belegen.[116]

Als unabhängiges Reich bestand Lotharingien nur von 855 bis 869 unter Lothar II. und von 895 bis 900 unter König Zwentibold, danach bis 939 als fast unabhängiges Herzogtum. Zwischen dem west- und ostfränkischen Reich umstritten, gehörte es abwechselnd ganz oder zum Teil beiden Reichen an. Ab 925 bildete es eines der fünf Herzogtümer des ostfränkischen Reiches, war jedoch erst ab 987 unangefochtener Besitz seiner Könige.[117]

Nach der Teilung umfasste Oberlotharingien die französischsprachigen Bistümer Metz, Toul und Verdun, den Raum Saarbrücken und vermutlich das Erzbistum Trier. Jedoch hatte der Herzog bereits im 11. Jahrhundert die Kontrolle über Trier verloren. In der frühen Neuzeit orientierten sich die Bistümer des aus Oberlotharingien entstandenen Herzogtums Lothringen nach Frankreich, die übrigen Territorien zum Reich. Das Herzogtum Niederlotharingien bestand noch bis 1190. Danach führten die Herzöge von Brabant die niederlotharingische Herzogswürde als bloßen Titel bis in das 15. Jahrhundert.[118]

Nach der Eingliederung Lotharingiens in das ostfränkische Reich versuchten dessen Könige, in ihren Titeln und Urkunden jede Andeutung einer Sonderstellung zu vermeiden. Otto I. ließ sich in Aachen krönen, besetzte die wichtigsten Ämter mit Familienangehörigen, ernannte seinen Bruder Brun zum Erzbischof von Köln, „Erzherzog" von Lotharingien, Vizekönig und Reichsverweser. Sein Onkel war seit 931 Erzbischof von Trier. Bis 1100 besetzten die deutschen Könige die wichtigsten Ämter in Niederlotharingien und in Trier überwiegend mit landfremden Persönlichkeiten. In der zweiten Hälfte des 10. Jahrhunderts bildeten die Erzbistümer Köln und Trier zeitweise den politischen und kulturellen Mittelpunkt des ostfränkischen Reiches. Ihre Bindungen an den Westen Lotharingiens lockerten sich. Das Rheinland entwickelte sich zu einer eigenständigen Landschaft, die sich auf das zum sächsischen Herzogtum gehörende Bergische Land und den zu Franken gehörenden Westerwald ausdehnte.[119] Zudem versuchten die Pfalzgrafen aus dem Geschlecht der Ezzonen, das Land unter ihrer Herrschaft zu vereinen. Um 1025 erstreckte sich ihr Machtbereich vom Niederrhein bis in den Westerwald und den Hunsrück. Unter den „herzoggleichen Pfalzgrafen" stand das Rheinland „neben den deutschen Stammesherzogtümern, hinter denen es an politischer Macht und Bedeutung nicht zurückblieb", schrieb Franz Steinbach. Aber die Eingriffe des Kaisers und die von ihm unterstützten Erzbischöfe schwächten die Pfalzgrafen zwischen 1039 und 1060 so stark, dass sie politisch keine Rolle mehr spielten. Ein zweiter Versuch, das Rheinland politisch zu einigen, scheiterte zwischen 1162 und 1164.[120]

Obwohl „sich das Rheinland aus dem lotharingischen Raum als eine eigenständige historische Landschaft herauskristallisierte", blieb es durch ein Geflecht verwandtschaftlicher Bindungen des Adels, kulturelle, politische und wirtschaftliche Beziehungen mit den anderen Landschaften Lotharingiens verbunden. Die rheinische Bevölkerung fühlte sich Lotharingien und damit Westeuropa zugehörig.[121]

So war es für den Autor der Aachener Annalen selbstverständlich, sich als Bewohner des *regnum Lotharii* zu bezeichnen. In ihm sah er den einzig legitimen Träger der karolingischen Tradition. Der Annalist von St. Jakob in Lüttich betrachtete es als gleichberechtigtes Reich neben Deutschland und Frankreich. Bis zum Ende des 12. Jahrhunderts grenzten Adel und Geistlichkeit Lotharingien vom westfränkisch-französischen und ostfränkisch-frühdeutschen Reich ab.[122] Die westfränkischen und die ostfränkischen Geschichtsschreiber sahen grundsätzliche Unterschiede zwischen der Bevölkerung ihrer Reiche und den Einwohnern Lotharingiens. Sie waren weder am Entstehen der französischen noch der deutschen Nation beteiligt. Ihre Bischöfe wurden nicht als *teutonici* bezeichnet. Widukind von Corvey zählte die lotharingische und damit die rheinische Bevölkerung neben Dänen, Slaven und Westfranken zu Sachsens Feinden.[123]

Folglich wurden nur die vier Stämme Franken, Sachsen, Baiern und Alemannen als „deutsche Mannen" oder „deutsche Lande" bezeichnet, während Lotharingien ausgeschlossen blieb.[124]

Die Metropole Köln

Bereits im Hochmittelalter gab es im Rheinland ein „höheres Maß an politischer Freiheit" als in vielen Gebieten Deutschlands und Europas, schrieb Jörg Engelbrecht. „Das, was wir heute in einem modernen bürgerlichen Sinne unter Freiheit verstehen", ist „ausschließlich am Rhein entstanden" oder dort „besonders nachhaltig rezipiert" worden. „In gewissem Sinne kann man die bürgerliche Freiheitsbewegung der letzten zweihundert Jahre als konsequente Fortsetzung eines bürgerlichen Emanzipationsprozesses verstehen, der spätestens mit dem Kampf gegen die bischöfliche Stadtherrschaft im Hohen Mittelalter begonnen hat."[125]

Bereits im 12. Jahrhundert hatten sich die persönlichen Abhängigkeiten so gelockert, dass die Bevölkerung nach 1200 im Sinne der Rechtsfähigkeit „frei" wurde und sich selbst vor den Landgerichten vertreten konnte. Dazu trug die beginnende Verstädterung bei. Die rheinischen Städte boten Freiheiten, die über die persönliche Rechtsfähigkeit weit hinausgingen. Das Lehnswesen war nicht länger von persönlichen Haltungen, Werten und Qualitäten wie Autorität, Ansehen und Treue abhängig. Die Pflichten bezogen sich nicht mehr auf die Person, sondern auf das Lehnsobjekt. Die Vasallen wurden vom Lehnsherrn unabhängiger und ihre Pflichten geringer, was zum Verfall der feudalen Ordnung führte. Vergeblich versuchten die Kölner Erzbischöfe, diese Entwicklung aufzuhalten.[126] In der Schlacht bei Worringen 1288 brach das System zusammen. Erzbischof Siegfried von Westerburg wurde von seinen Vasallen besiegt, die sich gegen ihn verbündet hatten. Die Stadt Köln bildete eine vom Erzstift, dem Staat des Erzbischofs, unabhängige Republik. Das Patriziat wurde gestürzt. Am 14. September 1395 beschloss der Rat eine neue Verfassung. Sie blieb bis 1794 in Kraft. Danach bestand der Rat aus 49 Ratsherren. Sie wurden von den in 22 Gaffeln zusammengeschlossenen Kaufleuteverbänden und Zünften gewählt.[127]

Bereits der 116 gestorbene römische Schriftsteller Tacitus berichtet über „den Reichtum und das Wachstum" der um 50. n. Chr. von Agrippina gegründeten Colonia Claudia Ara Agrippinensium. In der Mitte des 4. Jahrhunderts war Köln nach einer Mitteilung des Ammianus Marcellinus eine große und bevölkerungsreiche Stadt. Gegen Ende der Antike wurde sie Hauptort der Ripuarier und Residenz ihres Königs Sigibert.

Köln

Soll ich dich zeichnen, Stadt,
So fließen die Konturen zu einem innerlichen Plan,
Führt mein Jahrhundert auch den Span,
Läuft jeder Strich doch in geliebten Spuren,
Um frohes Volk und Heiligenfiguren.
Und unter allen neueren Schraffuren,
Ein Panorama wie von Merian.

Heinrich Roggendorf

Der Rhein und das Panorama der Kölner Altstadt

Gregor von Tours und Venantinus Fortunatus berichteten von goldschimmernden Mosaiken in der späteren Kirche St. Gereon und über „goldene Tempel", die der Kölner Bischof erneuert und geschmückt habe. Der karolingische Geschichtsschreiber Einhard bezeichnete sie im 9. Jahrhundert als Metropole Ripuariens.[128]

Nach 794 war Köln Mittelpunkt seiner Kirchenprovinz geworden. Sie bestand aus den Bistümern Lüttich, Utrecht, den Missionsbistümern Münster, Osnabrück, Minden und bis 864 Bremen.[129] Bereits gegen Ende des 8. Jahrhunderts hatte sich der Begriff „Heiliges Köln" in der Bevölkerung durchgesetzt. Hunderttausende Kölner Münzen verbreiteten ihn vom frühen 10. bis in das 12. Jahrhundert in alle Welt. Bis 1794 führte das amtliche Siegel der Stadt die Umschrift: „SANCTA COLONIA DEI GRACIA ROMANE ECCLESIE FIDELIS FILIA – Heiliges Köln von Gottes Gnaden der römischen Kirche getreue Tochter". Neben Köln vertraten im christlichen Teil der Erde nur noch Jerusalem, Rom und Byzanz diesen Anspruch.[130]

Er zeigte sich vor allem in der Heiligenverehrung. Neben den Heiligen, die in Köln und im Rheinland gelebt hatten und dort bestattet worden waren, bemühte sich die Stadt um Reliquien aus anderen Ländern. Kölner Reliquien wurden in Städte, Klöster und Dörfer des Rheinlandes, in das übrige Gebiet deutscher Sprache, in die Länder an der Ostsee, nach Polen, Schlesien, Böhmen, Italien, Spanien, Portugal, Frankreich, Belgien, Luxemburg und die Niederlande übertragen.

Köln war neben Rom die reliquienreichste Stadt der Christenheit. Viele von den in kostbaren Gefäßen aufbewahrten Heiligtümern verschwanden unter der französischen Herrschaft und im Zweiten Weltkrieg. Die noch erhaltenen wurden in angemessener Weise in den Kirchen aufgestellt. Beispiele dafür sind die Heiltumskammer der Domschatzkammer und die Reliqienzone im Chor von St. Mariä Himmelfahrt. Sie belegen „das Fortbestehen eines weithin schon verloren geglaubten Verständnisses" schrieb Anton Legner. Die Kölner Reliquienverehrung ist „angefüllt mit Einbildungen, Annahmen und Irrtümern (wie übrigens fast alles in der Menschheitsgeschichte), aber vor allem ist sie durchdrungen von menschlicher Frömmigkeit, Hoffnung und Zuversicht und voller Fantasie, Kunst und Poesie". Mag das Brauchtum oft merkwürdig erscheinen, so „bleibt eines am Berührendsten: der Ernst sowohl wie die Heiterkeit, in der das Heilige, das Heiltum, seine Verehrung fand". In seinem grundlegenden Werk über „Kölner Heilige und Heiligtümer" wies Anton Legner auch nach, „dass ein oft unterstellter kirchlich approbierter Reliquienhandel in Wahrheit nie stattgefunden hat" und die Kölner Kunsthandwerker für die an andere Orte übertragenen Reliquien keine Gefäße geliefert haben".[131]

Den Ruhm des „Heiligen Köln" steigert Erzbischof Reinald von Dassel, indem er 1164 die Reliquien der Heiligen Drei Könige von Mailand übertrug. Wissenschaftlichen Untersuchungen zufolge sind es „die am besten bezeugten Reliquien aus biblischer Zeit".[132] Die Wallfahrt erinnert an die im Matthäusevangelium überlieferte Anbetung der drei Magier. Das auf ihr beruhende Fest Epiphanie betont die Universalität der Botschaft Christi, vor dem alle Menschen gleich sind und die gleichen von Gott gegebenen Rechte besitzen. Dieser christliche Universalismus erhielt gegen Ende des 12. Jahrhunderts in dem von Nikolaus von Verdun geschaffenen Dreikönigsschrein, dem größten Werk mittelalterlicher Goldschmiedekunst, ein Symbol.

Die Wallfahrt nach Köln war der Anlass für den Bau der gotischen Kathedrale. Die an Mariä Himmelfahrt, am 15. August 1248 begonnene Kirche zählt zu den größten der Erde.[133] Werner Schäfke bezeichnete sie als „die vollkommenste französische Kathedrale, die im Laufe der gotischen Architektur entstanden ist, Summe und Konsequenz der Überlegungen und Versuche, die das Errichten der französischen Kathedralen für die wagemutigen und experimentierfreudigen Architekten Frankreichs bedeutete."[134]

In dieser Zeit war der Pilgerstrom so groß, dass Köln zeitweise mit Rom und Santiago de Compostela zu den bedeutendsten Wallfahrtsorten der Christenheit zählte. Es kamen Pilger aus England, den heutigen Beneluxstaaten, Frankreich, Spanien, Sizilien, Italien, Südosteuropa und dem deutschsprachigen Raum. Die Könige des Heiligen Römischen Reiches pilgerten nach ihrer Krönung in Aachen zum Dreikönigsschrein. Seit der Reformation beteiligen sich auch evangelische Christen an der Wallfahrt, zuletzt 1998 mit dem rheinischen Landespräses Kock.[135]

Jedes Jahr besuchen 5 Millionen Menschen aus aller Welt den Dom. An der zweiwöchigen Wallfahrt zu seiner 750-Jahr-Feier 1998 nahmen 1,3 Millionen Menschen teil.[136]

Außer dem Dom entstand eine Vielzahl von Kirchen, Klöstern und Kapellen. Im Jahre 1513 hatte Köln elf Stiftskirchen, zwölf Mönchsklöster, zehn Nonnenklöster, 19 Pfarrkirchen und über 100 Kapellen.[137] Die mit den Niederlassungen der Bettelorden entstandenen Ordenshochschulen gaben der Wissenschaft in Köln neue Impulse.

Von 1248 bis zu seinem Tode 1280 wirkte mit einigen Unterbrechungen der aus Lauingen stammende, heilig gesprochene Dominikaner und Kirchenlehrer Albert der Große. Sein berühmtester Schüler war Thomas von Aquin. 1980 besuchte Papst Johannes Paul II. sein Grab in der Kirche St. Andreas. 1306/07 lehrte der in Schottland geborene Franziskaner Duns Scotus an der Hochschule seines Ordens. 1308 wurde er in der Minoritenkirche bestattet. Höhepunkt dieser Entwicklung war die Gründung der vom Kölner Stadtrat finanzierten Universität im Jahre 1388. Die Initiative hatten vermutlich die Leiter der Ordenshochschulen ergriffen. Die meisten Magister stammten vom Niederrhein, einige Professoren aus Paris. Die Kirchenprovinz war die wichtigste Basis für den Aufstieg der Stadt.

„Hier kannst du lernen, Gold zu erwerben, Reichtum und Weisheit, Sieg und Ruhm", lautete eine Inschrift, die bis 1531 die berühmte Domschule schmückte. Im Heiligen Römischen Reich war Köln die größte und reichste Stadt nördlich der Alpen. Das jährliche Einkommen der Erzbischöfe wurde auf 50.000 Mark zu 238 g Silber geschätzt. Der Erzbischof von Mainz verfügte nur über 7.000, der Trierer nur über 5.000 Mark.

Reich waren auch viele Kölner Bürger. Bereits im 12. Jahrhundert entstanden mindestens 80 aufwändige Bürgerhäuser aus Stein anstatt aus dem üblichen Fachwerk. Kölns Reichtum beruhte vor allem auf Handel und Gewerbe. Darin besaßen auch Frauen große Selbstständigkeit, was im Mittelalter keineswegs selbstverständlich war. In fast allen Zünften waren sie Mitglieder. Zudem bildeten sie eigene Frauenzünfte. Die Garnmacherinnen produzierten das bis nach England verkaufte Garn, die Goldspinnerinnen stellten das bis nach Italien exportierte, mit Blattgold und Blattsilber umwickelte Garn her, die Seidenmacherinnen betrieben den finanziell bedeutendsten Handels- und Gewerbezweig der Stadt, die Frauen besaßen volle Vertragsfähigkeit und das Recht, in der Ehe ihren Namen beizubehalten.[138]

Im 10. Jahrhundert entwickelte sich der Kölner Fernhandel. Er machte die Stadt zum Umschlagplatz rheinischer Waren und zum wichtigsten Wirtschaftszentrum des Rheinlandes, in dem sie eine zentrale Position einnahm. Sie beeinflusste nicht nur ihre Nachbarn Jülich und Berg, sondern auch den unteren Niederrhein, die Eifel, das Rheintal bis Kaub und den Moselraum. Fast alle Orte am Mittelrhein lieferten Wein nach Köln. An der Mosel war Trier der wichtigste Handelspartner. Kölner Kaufleute fehlten auf keinem der Jahrmärkte, die seit dem 12. Jahrhundert in der damals 12.000 Einwohner zählenden Stadt abgehalten wurden. Mindestens vier Kölner Bürger siedelten vor 1200 nach Trier über. Im 15. Jahrhundert bezog die Stadt von Köln Pferde, Tuch, Fisch, Salz und andere Waren. In Luxemburg kauften die Kölner gelegentlich Wein und Getreide.

Der Name Köln war die „Firmenmarke", unter der rheinische und vor allem niederrheinische Erzeugnisse auf dem Weltmarkt verkauft wurden. Bereits um das Jahr 1000 hatten Kölner Kaufleute London besucht, um dort Wolle, Speck, Fett, möglicherweise auch Zinn zu kaufen. Köln lieferte vor allem Wein, gelegentlich Juwelen und Waffen. Bereits 1157 hatten Kölner Kaufleute in London die Guildhall gegründet. Ein Jahrhundert

GESTALTENDE KRÄFTE

später zählten sie zu den führenden Ausländern in der Stadt und genossen für ihren Wein die gleichen Privilegien wie die Franzosen. Im Spätmittelalter unterhielt Köln Handelsbeziehungen mit der iberischen Halbinsel, Frankreich, Italien, der Schweiz, Österreich, Südosteuropa, Böhmen, Mähren und Schlesien, Polen, Deutschland, den Niederlanden und England. Köln war „die nach den Raumbeziehungen, dem handwerklichen Produktions- und Warensystem und den organisatorischen Methoden die universellste Stadt des Mittelalters."

Dafür hatte sie sehr gute Voraussetzungen: Der Rhein war im Spätmittelalter und in der Neuzeit die leistungsfähigste Wasserstraße Europas. Von ihm führten Verkehrswege nach Westen, Südwesten, Osten und Südosten. Köln bildete das Zentrum eines Gebietes produktiver Landschaften, beruhte auf einer 1500-jährigen unangefochtenen geistigen und politischen Zentralstellung in der Mitte des Rheinlandes. Gegen Ende des 16. Jahrhunderts ließen sich südniederländische, portugiesische, später auch spanische und italienische Kaufleute in Köln nieder. Portugiesen und Niederländer waren zeitweise einflussreicher als die rheinischen Kaufleute. Die Portugiesen unterhielten weltweite Verbindungen mit Ost-

Drei der bekanntesten Kölner Bands bei einem gemeinsamen Auftritt im Gürzenich: Paveier, Bläck Fööss, Höhner.

indien, Afrika und Südamerika. Nach dem Abzug der Fremden erwies sich die von ihnen betriebene Ausweitung des Handels mit dem Mittelmeerraum und den Kolonialprodukten als so dauerhaft, dass es den Kölnern und den in ihre Gesellschaft integrierten Fremden gelang, dieses Niveau bis weit in das 17. Jahrhundert zu halten.[139]

Seit dem Mittelalter zählt Köln zu den bedeutendsten Städten Europas. Die Stadt beschäftigte Menschen – jene, die sie besuchten ebenso wie jene, die nur von ihr gehört hatten. Sie bewegte „die Volksfantasie nach allen Seiten hin", regte an und ging als „Inbegriff alles Großen, Schönen, Vernünftigen, Zweckmäßigen ... in das allgemeine Volksbewusstsein ein", schrieb Karl Meisen. Diese „außergewöhnliche Stadt" strahlte „weit und eindringlich" in das Rheinland und hatte große Anziehungskraft auf die Bevölkerung der benachbarten Landschaften. Eine Vielzahl von Quellen belegt, dass die Rheinländer sich mit ihr „in einer besonderen Weise verbunden" fühlen. Im gesamten Rheinland hat sie seit über einem Jahrtausend eine „ungewöhnliche und einzigartige Stellung".

Kölns Sehens- und Merkwürdigkeiten, seine Vorzüge gegenüber anderen Städten und ländlichen Siedlungen, die ungewöhnlichen Leistungen seiner Bewohner im Laufe der reichen, vielfältigen Stadtgeschichte haben bereits vor Jahrhunderten im ganzen Land die allgemeine Aufmerksamkeit erregt. Die Erzählungen über die Stadt und die Vorstellungen von ihr prägten Sprichwörter, Redensarten, Aussprüche bis in das kleinste und abgelegenste rheinische Dorf. Einige entstanden auch in Flandern, den Niederlanden und Westfalen. „Der Name Köln ist so zu einem Begriff geworden, der in aller Munde ist ... Denn tatsächlich gibt es kaum einen Lebensbereich, kaum eine Angelegenheit oder ein Ereignis, in denen im Denken und Reden des Volkes nicht in irgendeiner Weise, wie es auch immer sein mag, auf Köln oder auf seine Bewohner bald in ernster bald in scherzhafter Art angespielt und Bezug genommen würde." Wie bedeutende Persönlichkeiten der Geschichte immer wieder zu neuen volkstümlichen Erzählungen anregten, gingen von Köln vielfältige Äußerungen aus, „die uns einen Hauch vom Geiste dieser Stadt verspüren lassen". Die volkstümliche Dichtung ist heute zwar verkümmert und löst sich allmählich auf, aber die Bedeutung Kölns verringert sich nicht. Mit dem Wandel zu neuen Lebensformen entwickeln sich neue Ausdrucksformen. Ein Beispiel ist die Kölner Musikszene mit ihren Künstlern, deren Werke vor allem im rheinischen Raum rezipiert werden. Wie viele andere vor ihnen beweisen auch sie: Köln ist seit Jahrhunderten die geistige, kulturelle und wirtschaftliche Hauptstadt, ihre Kathedrale das Wahrzeichen des gesamten Rheinlandes.[140]

„*In der Stadt verdichtet sich die Atmosphäre zu großartiger Geschichte: Kaiser und Gott, der mächtige Atem des Domes gegen das stille Blühen der Gewölbe von Liebfrauen; der Ruch des säuerlich gärenden Weines aus den Kellern des Palais Kesselstadt und der Duft des Weihrauchs aus den Kirchen des Dombezirkes: das Gegensätzliche fügt sich zu einmaliger Einheit und Anmut.*"

Matthias Schrecklinger

Trier: Hauptmarkt mit dem 958 errichteten Marktkreuz. Im Hintergrund die Kirche St. Gangolf.

Trier

In der Antike und im Mittelalter war Trier nach Köln die bedeutendste Stadt im Rheinland. Das Erzbistum reichte bis in das französische Sprachgebiet. Die Kirchenprovinz umfasste die Bistümer Metz, Toul und Verdun. Im Vergleich zu anderen westeuropäischen Bischofssitzen „befand sich Trier mit an der Spitze der Entwicklung". Es bildete den Zentralort eines großräumigen Einzugsbereiches. Seine Wirtschaftskraft war jedoch schwächer als die von Metz. Triers Selbstverständnis wurde von einer kleinen geistlichen Oberschicht getragen. Es zeigte sich vor allem im Anspruch auf eine Spitzenstellung innerhalb der katholischen Kirche, wobei die Kathedrale als das bedeutendste Symbol galt. Sie wurde in der Kontinuität zum antiken Ursprung der Stadt gesehen. Zu Beginn des 10. Jahrhunderts beanspruchten die Erzbischöfe einen über die Kirchenprovinz hinausreichenden Vorrang vor Reims, Metz, Mainz und Köln. Er ließ sich zwar nicht durchsetzen, trug aber entscheidend zur Entwicklung des städtischen Selbstbewusstseins bei.[141]

Schutzpatron der Stadt war der Apostel Petrus. Größere Verehrung als er genoss die Muttergottes, denn ihr war der Dom geweiht. Zudem gab es eine Vielzahl von Kulten lokaler Heiliger, unter ihnen die ersten Bischöfe von Trier und eine Gruppe frühchristlicher Märtyrer. Nicht gesichert ist die Auffindung der Reliquien des Apostels Matthias, deren Übertragung die Kaiserin Helena veranlasst haben soll. Papst Eugen III. approbierte bei seinem Besuch in Trier 1147/48 den seit dem 11. Jahrhundert bestehenden Kult. Die Erzbischöfe förderten ihn. Heute wird der Apostel Matthias an über 400 Orten im Rheinland verehrt. Bereits vor 1150 bestanden in Trier und in Süddeutschland Matthiasbruderschaften. Das Fragment eines Bruderschaftsbuches aus der zweiten Hälfte des 12. Jahrhunderts enthält 4.760 Namen. Wahrscheinlich waren etwa 20.000 Namen darin verzeichnet. Im Jahre 1986 bestanden im Rheinland 67 Bruderschaften, davon 52 am Niederrhein. Ihre jährliche Wallfahrt nach Trier ist „ein besonderes Ereignis im Jahresablauf der Bruderschaften", schreibt Birgit Bernard in ihrer Dissertation. Sie „birgt eine besondere Erlebnisqualität. Auf der Reise liegen religiöse und soziale Disziplin sowie Geselligkeit und Gemeinschaftserleben nah beieinander. Spannung und Entspannung wechseln sich ab. Neben den religiösen Bräuchen und Gebetsformen, die den Wallfahrtsablauf aller Bruderschaften bestimmen, haben viele Bruderschaften ein eigenes Brauchtum entwickelt."[142] Trier war auch eines der Ausstrahlungszentren für die Verehrung des heiligen Nikolaus von Myra. Bereits 1007 wurde dem Heiligen in Traben eine Kirche geweiht. Reliquien sind zuerst 1018 für die Abtei St. Maximin erwähnt. Eine Nikolaus-

GESTALTENDE KRÄFTE

kapelle ist 1030 in Wawern belegt. Nikolaus wurde an der Mosel bereits vor der Übertragung seiner Reliquien nach Bari 1187 und dem damit einsetzenden Kult in der lateinischen Kirche verehrt. Das Gleiche gilt für die oberlotharingischen Suffraganbistümer Metz und Verdun.[143]

Der erste gesicherte Hinweis auf den Heiligen Rock stammt aus dem 12. Jahrhundert. Seitdem wird er im Chor des Domes aufbewahrt. Die Reliquie symbolisiert das in den Evangelien erwähnte nahtlose Gewand Christi. Es erinnert an die Einheit der Kirche. Deshalb dient die Wallfahrt dem Gebet für die Wiedervereinigung der getrennten Kirchen und christlichen Gemeinschaften. Sie begann mit der ersten Ausstellung des Heiligen Rocks anlässlich des Besuchs von Kaiser Maximilian 1512, fünf Jahre bevor Luther mit seinen Thesen die Reformation einleitete. Während der Wallfahrt 1996 pilgerten zum ersten Mal katholische und evangelische Christen mit ihren Bischöfen und Präsides gemeinsam nach Trier. An 28 Tagen wurden 683.000 Pilger gezählt.[144]

Neben diesen auf das gesamte Rheinland und die angrenzenden Gebiete ausstrahlenden Wallfahrten und Kulten prägten die Stadt regelmäßige Heiligenfeste mit ihren Prozessionen. Darin war sie Köln ebenso ähnlich wie in der Vielzahl der Klöster und Stifte. Auch Triers Bevölkerung hatte das Bewusstsein, in einer „heiligen Stadt" zu leben.[145] Wie in Köln begüns-

Koblenz: Der spätrömische Befestigungsring ist im modernen Luftbild zu erkennen. Der Mauerverlauf lässt sich besonders an den beiden Türmen (Nr. 16 und 17) verfolgen.

tigten die Hochschulen der Orden die Gründung der Universität durch Erzbischof Jakob von Sierck im Jahre 1455. Papst Nikolaus V. gewährte ihr die Privilegien und Freiheiten der Kölner Universität. Kölner Professoren und Studenten zählten zu den Gründern der theologischen Fakultät. Der Kölner Nikolaus Mommer von Ramsdonk wurde Gründungsrektor. Aus Trier stammende Professoren anderer Universitäten kamen an die Hochschule ihrer Heimatstadt. Von einigen Dozenten und Studenten aus Köln, Löwen, Paris und Erfurt abgesehen beschränkte sich ihr Einzugsbereich im Wesentlichen auf das Erzbistum Trier.[146]

Trier wurde von Köln stark beeinflusst. So schlossen die Trierer Zünfte am 21. September 1396, nur sieben Tage später als in Köln, ein ähnliches Bündnis, das den führenden Vertretern kleiner Zünfte mehr Mitsprache garantierte. Ein Zusammenwirken beider Städte ist zwar nicht nachzuweisen, aber der zeitliche Zusammenfall und „die ansonsten belegbaren, insgesamt doch recht engen Verbindungen zwischen Köln und der Moselstadt sprechen jedoch für einen engen Zusammenhang".[147] Bereits 1149 hatten beide Städte einen Vertrag geschlossen, der die Zölle und Abgaben für Trierer Bürger in Köln festsetzte. Darin werden Wein und Honig als wichtigste Exportgüter Triers genannt. Große Mengen Moselweins wurden mit Schiffen über Koblenz nach Köln transportiert und von dort nach Großbritannien und Skandinavien verkauft. Kölner Kaufleute genossen in Trier ein Zollprivileg für Wein, Salz, Heringe, Wolle und Getreide. Außer mit Köln bestanden mit der Provence, dem Limousin, der Champagne, Nordfrankreich, Wallonien, Flandern, Bingen, Frankfurt, Speyer und Worms regelmäßige oder gelegentliche Handelskontakte. Der Fernhandel hatte jedoch nur einen geringen Anteil an der Gesamtwirtschaft Triers.[148]

Auch Koblenz, die zweite Hauptstadt des Erzstiftes Trier, hatte enge Verbindungen mit dem Niederrhein und den Niederlanden. Die Stadt schloss Schutzbündnisse mit Köln, Bonn und mehreren mittelrheinischen Städten. Marktschiffe fuhren regelmäßig nach Köln. Auf den Koblenzer Märkten verkauften Niederländer Seefische, Salz, Tuche und Kohlen. Niederländische Klöster besaßen Güter im Einzugsbereich der Stadt, Koblenzer Klöster entsprechende Güter in den Niederlanden.[149]

Die Rheinländer und die deutsche Nation

1409 wurden die *dutschen landen* vom Heiligen Römischen Reich unterschieden.[150] Dieses umfasste außer den *dutschen landen* große Teile Oberitaliens, die Provence, Savoyen, Teile Ost- und Nordfrankreichs, das Gebiet der späteren Beneluxstaaten, das Rheinland, Böhmen, Mähren und das heutige Slowenien. Es war ein Lehensverband mit dem Kaiser als Oberhaupt. Innerhalb dieses Reiches bildeten die deutschen Stände mit dem Kaiser eine „eigenständige politische Handlungseinheit". Der Kaiser war zugleich deutscher König. Das Gebiet der deutschen Stände stimmte mit den *dutschen landen* fast überein. Meistens wird die „politische Handlungseinheit" als das politische System des Alten Reiches bezeichnet. Georg Schmidt nennt sie treffend das „Reich deutscher Nation".[151] Belegt ist sie 1416 als *nationis Germanica*. Dieser Begriff setzte sich mit den *gravamina nationis Germanicae* von 1438 durch.[152] Den Raum der deutschen Nation beschrieb Hartmann von Schedel in seiner 1493 veröffentlichten Weltchronik: *Teutschland zu latein germania ... etwen und wiederumb innerhalb dem Rhein und dem fluss ... Elbe begriffen*.[153] Das Kerngebiet des Reiches deutscher Nation bildete das von den „Zentrallandschaften der spätmittelalterlichen Königsdynastien" Rheinpfalz, Böhmen, Österreich und Oberrhein begrenzte Süd- oder Oberdeutschland. Die Zuordnung Böhmens zur deutschen Nation war jedoch unklar.[154]

Die Deutschen verstanden sich als „Kernnation" des Heiligen Römischen Reiches. Deshalb nannten sie es ab 1474 *Sacrum Romanum Imperium nationis Germaniae*.[155] Nach 1480 wurde diese Bezeichnung in offiziellen Dokumenten verwendet.[156] Die Stände unterschieden zwischen deutschen und fremden Angelegenheiten. Nur in wenigen Fällen waren sie bereit, die Rechte des Kaisers außerhalb der deutschen Nation zu sichern. Dadurch wollten sie ihn zwingen, sich auf die deutschen Probleme zu konzentrieren, anstatt sich in die Angelegenheiten der anderen Völker des Heiligen Römischen Reiches, vor allem in die burgundischen und oberitalienischen, zu verstricken. Gegen Ende des 15. und zu Beginn des 16. Jahrhunderts beschlossen sie mit dem Kaiser für das Gebiet der deutschen Nation Reformen, die „geradezu nationalstaatliche Tendenzen" hatten.[157]

Nach den Vorstellungen einiger Publizisten musste die deutsche Nation „Meyster über alle andern nation" sein und das Heilige Römische Reich zu einem Universalreich erweitern, um die Christenheit vor äußerem Druck zu schützen. Dagegen konzentrierte sich das Denken der meisten deutschen Humanisten auf die eigene Nation als einem alle Stände übergreifenden System von Werten, die angeblich aus germanischer Zeit überliefert waren. Danach grenzten Freiheit, Treue und Redlichkeit die deutsche Nation von den verkommenen romanischen oder „welschen" Nationen ab.[158]

Während sich das deutsche Nationalbewusstsein konsolidierte, wandten sich die rheinischen Fürstentümer noch stärker als bisher ihren westlichen Nachbarn zu. Im 14. und in der ersten Hälfte des 15. Jahrhunderts traten die Unterschiede zwischen dem Nieder- und dem Mittelrhein deutlicher hervor. Dazu trugen außer den verschiedenen Territorialsystemen die engen Verbindungen des Niederrheins mit den Niederlanden und seine Beziehungen zu Westfalen bei. Die Erzbischöfe von Köln und die Herzöge von Jülich-Kleve-Berg waren auch Landesherren westfälischer Territorien. Triers Erzbischöfe unterhielten intensive Beziehungen mit den Fürsten südlich des Hunsrücks. Wilhelm Janssen bezeichnete die Eifel als „Grenzsaum, der wirtschaftliche Verbindungen, kulturelle Einflusszonen und politische Interessensphären voneinander schied".

Die rheinischen Fürsten arbeiteten eng mit den Niederlanden, England und Frankreich zusammen. Balduin von Luxemburg, der als Erzbischof den Trierer Kurstaat ausbaute, hatte in Frankreich studiert. Er stand in enger Verbindung mit dem französischen König und dem in Avignon residierenden Papst. Auf sein Betreiben wurde sein Bruder Heinrich 1308 zum König gewählt, 1312 Kaiser des Heiligen Römischen Reiches. Nach dessen Tod 1313 griff er nur noch bei wichtigen Angelegenheiten in die deutsche Politik ein. In der zweiten Hälfte des 14. Jahrhunderts betrieb kein rheinischer Fürst systematisch Reichspolitik. Herrscher und Bevölkerung der niederrheinischen Territorien zählten sich zur niederländischen Welt. Familiäre Bindungen zwischen rheinischen, französischen, niederländischen und englischen Adelshäusern, die dem Niederländischen ähnliche Sprache und sie seit Jahrhunderten enge Verbundenheit innerhalb des lotharingischen Raumes führten zu starken politischen und wirtschaftlichen Verflechtungen. Herzog Wilhelm I. von Jülich wurde von seinem Schwager, dem englischen König Eduard III., mit Zustimmung des Parlamentes als einziger Ausländer zum Peer of England ernannt. In der ersten Hälfte des 14. Jahrhunderts war er der einflussreichste Fürst am Niederrhein.

Herzog Wilhelm I. von Jülich.
Siegel von 1348.

Dessen Territorien hatten sich so weit vom Heiligen Römischen Reich entfernt, dass der Hundertjährige Krieg zwischen England und Frankreich und der Aufstieg Burgunds ihre Interessen stärker berührten als die Reichspolitik. Geldern wurde burgundisches Lehen. Jülich, Kleve, Berg und Köln entgingen nur knapp diesem Schicksal. Als das habsburgische Kaiserhaus und die Herrscher Burgunds sich annäherten, verwischten sich die Grenzen zwischen dem Heiligen Römischen Reich und Burgund politisch, jedoch nicht verfassungsrechtlich. Diese Entwicklung trug dazu bei, die niederrheinischen Territorien wieder stärker in das Reich einzubinden. Trotz der unterschiedlichen Orientierung blieben Nieder- und Mittelrhein miteinander verbunden. Außer den kulturellen und wirtschaftlichen Beziehungen gab es eine zum Teil enge politische Zusammenarbeit. So vertraten Köln und Trier ihre Interessen gegenüber dem Reich gemeinsam. Beide Kurfürsten schlossen Bündnisse mit Mainz und dem Pfalzgrafen. Zweck dieser immer wieder erneuerten Verträge war es, Zölle und Münzen zu harmonisieren sowie die Reichsrepublik miteinander abzustimmen.[159] Diese Kooperation der vier „Reichskurfürsten" beweist ihre engere Zusammengehörigkeit gegenüber den drei anderen und ging in das allgemeine Bewusstsein ein. Ihre Zusammenarbeit mit anderen rheinischen Fürsten belegen Begriffe wie „fürsten am Rhein, Chur- und fürsten des reins oder chur- und fürsten des reinstroms".

Publizisten der benachbarten Landschaften betrachteten den Nieder- und den Mittelrhein als Einheit. In seinem Buch über Westfalen berichtete Werner Rolvenick 1475, die *Rheni provincia tota*, die „gesamte Rheinprovinz" sei im Unterschied zu Westfalen ein „Land der Reben". Dessen Bevölkerung, die „Rhenenses" (Rheinländer), betrachtete er als eigenständiges Volk neben Franzosen, Engländern und den „Saxones", womit die Bewohner Norddeutschlands und des heutigen Westfalen gemeint waren.[160] Im 16. Jahrhundert bezeichnete der Antwerpener Drucker Plantijn den Nieder- und Mittelrhein als „accola Rheni", dessen Bevölkerung als „Rhijnlander" (Rheinländer). Quellen belegen, dass zur gleichen Zeit der Oberrhein von Mainz bis Basel in der Tradition des 1158 verstorbenen Otto von Freising vom Mittel- und Niederrhein abgegrenzt und ebenfalls als „Rheinland" bezeichnet wurde.[161] Die meisten der dort liegenden Territorien einschließlich des Erzstiftes Mainz, der Pfalz und der Landgrafschaft Hessen waren mit schwäbischen Städten und Rittern von 1488 bis 1534 im Schwäbischen Bund zusammengeschlossen.[162]

Die rheinischen Fürsten beteiligten sich nicht an der Jahrzehnte dauernden Reichsreform.[163] Ihr entsprechend bildeten die Vereinigten Herzogtümer Jülich-Kleve-Berg mit westfälischen und niedersächsischen Territorien den niederrheinisch-westfälischen Reichskreis, zu dem auch die in den Niederlanden liegenden Fürstbistümer Utrecht, Lüttich und Cambrai gehörten. Mit der Wahl von Herzog Wilhelm V. zum Reichsobersten gewann der Kreis zwar für kurze Zeit Bedeutung, konnte aber die ihm vom Reich übertragenen Aufgaben nur unzureichend erfüllen. Im Gegensatz zu den Kreisen, deren sämtliche Territorien zum politischen System der deutschen Nation gehörten, entwickelte er sich nicht zu einem föderativen Verfassungsorgan, sondern zu einem Instrument, mit dem die leistungsfähigen Stände, allen voran die Vereinigten Herzogtümer, ihre Interessen durchsetzten.[164]

Die Kurstaaten Köln und Trier waren mit dem Kurfürstentum Mainz und der Kurpfalz im Kurrheinischen Kreis zusammengeschlossen, der sich aus der Kooperation dieser Territorien in der Reichspolitik entwickelt hatte. Kreisdirektor war der Erzbischof von Mainz.[165] Die vier Fürsten gehörten mit dem Herzog von Böhmen als Königswähler zur politischen Führung des Heiligen Römischen Reiches. Böhmens Stellung zum politischen System der deutschen Nation blieb offen. Köln und Trier standen ihm vielleicht näher als die übrigen Fürsten im Rheinland. Die rheinischen Herrscher hielten zwar Distanz zur deutschen Nation, versuchten aber, deren Fürsten für ihre Ziele einzuspannen. So wollte der bedeutendste Trierer Kurfürst seit Balduin von Luxemburg, Erzbischof Richard von Greiffenklau, die Wahl des Habsburgers Karls V. zum deutschen König und damit zum Oberhaupt des Heiligen Römischen Reiches verhindern und mit dem Kölner Kurfürsten den französischen König Franz I. durchsetzen. Damit stießen sie bei der deutschen Nation auf Kritik, Ablehnung und Feindschaft. Bereits Kaiser Maximilian I. hatte auf einem Reichstag gesagt, dass der französische König „der teutschen Nation natürlicher Feind ist, und ewiglich sein wird". Die habsburgische Propaganda überzeugte viele Stände mit dem Hinweis auf die deutsche Abstammung Karls. Der König müsste „von seinem stam und herkomen ein Teutscher sein, domit die ere vn unser nation nit entwend", erklärte der Mainzer Erzbischof. Seine Nachbarn, die Wetterauer Grafen, drohten, die Wahl Franz' I. mit Gewalt zu verhindern, zumal sie von vielen unterstützt wurden, die nicht aus Eigennutz französisch gesinnt waren. Nach der Kaiserkrone will „ein Feind die Hand ausstrecken der mit meiner Art und Sitte nichts zu schaffen hat", schrieb Jakob Spiegel. Er forderte die Fürsten auf zu verhindern, dass „aus einem solchen Volke (‚de hac gente') einer mein Gebieter werde …".[166]

Die Anhänger des französischen Königs galten als unzuverlässig und willens, das Heilige Römische Reich und mit ihm die deutsche Nation einer fremden Macht auszuliefern. Dabei übersahen die Befürworter Karls, dass er König von Spanien war und die deutsche Sprache nur passiv beherrschte. Trotzdem wurde er unter anderem durch riesige Bestechungssummen, vorfinanziert von Jakob Fugger, 1519 zum Kaiser gewählt. Da die Habsburger außer ihren süddeutschen Territorien auch die burgundischen Niederlande, etwa das Gebiet der heutigen Beneluxstaaten, beherrschten, konnten sie die rheinischen Fürsten von zwei Seiten unter Druck setzen. Diese stellten sich zwar nicht mehr offen gegen Habsburg, blieben aber Karl V. und seinem Haus gegenüber reserviert.[167] Dessen Anspruch auf das niederländische Geldern führte zum Streit und schließlich zum Krieg mit dem Jülicher Herzog Wilhelm V., der ebenfalls Rechte geltend machte. Beide warben um Unterstützung bei den deutschen Fürsten. Dem Kaiser gelang es, sie von einer Parteinahme für den Herzog abzuhalten. Die Jülicher Delegierten blieben erfolglos. Hatten sie bisher immer dafür plädiert, Kriege zu vermeiden, baten sie jetzt um militärischen Beistand mit der Begründung, die Freiheit der Reichsstände sei in Gefahr. Es gehe um die „hanthabung der Dutscher friheit", ließ der Herzog mitteilen. Wilhelm V. bemühte sich um eine Allianz mit den im Schmalkaldischen Bund vereinten protestantischen Fürsten, die als entschiedene Gegner des katholischen Kaisers galten. Sie scheiterte aus mehreren Gründen. Zu den wichtigsten gehörte die Weigerung des Herzogs, in seinen Territorien die Reformation durchzusetzen. Er wandte sich an Franz I. von Frankreich, einen Feind Karls V., der sich sogar mit den habsburgische Länder bedrohenden Türken gegen ihn verbündet hatte. Der Kaiser appellierte an das Nationalbewusstsein und grenzte die Vereinigten Herzogtümer von der deutschen Nation ab. Deren Fürsten warfen dem Herzog vor, ihre Verteidigung gegen die Türken zu schwächen. Im Sommer 1543 marschierte Karl V. in das Herzogtum Jülich ein und zerstörte Düren. Der Herzog unterwarf sich auf Drängen seiner Räte.

Im 1543 geschlossenen Friedensvertrag von Venlo verzichtete Wilhelm V. auf Geldern, das aus dem Rheinland ausschied. Weitere Verpflichtungen waren: kein Bündnis gegen den Kaiser, ein auch seine Erben behindertes Schutz- und Trutzbündnis mit den burgundischen Niederlanden und der Verzicht auf die Durchführung der Reformation in den Vereinigten Herzogtümern. Letzteres war ohnehin nie seine Absicht gewesen. Der Vertrag verpflichtete ihn nicht, mit den katholischen Ständen der deutschen Nation zu kooperieren oder sie zu unterstützen.[168] Damit waren die Vereinigten Herzogtümer zwar nicht eindeutig vom politischen System der deutschen Nation getrennt, aber auch nicht so eng mit ihm verbunden wie die Territorien außerhalb des Rheinlandes. Ihre Position entsprach fast derjenigen ihres niederländischen Bündnispartners.

Die Niederländer hatten bereits im 15. Jahrhundert ein von den Habsburgern geduldetes Sonderbewusstsein entwickelt, „das sie neben den Zusammenhang der deutschen Lande stellte, ohne dass die Verbindungen völlig aufgelöst wären", stellte Georg Schmidt fest. Sie wurden zwar zur Zahlung der Reichssteuern verpflichtet, in den ewigen Reichslandfrieden aufgenommen und im burgundischen Reichskreis zusammengefasst, zahlten aber selten Steuern und beteiligten sich kaum an der Politik der deutschen Nation.[169]

Spätestens nach dem Sieg des Kaisers über den Schmalkaldischen Bund im Jahre 1547 betrieben die rheinischen Fürsten gegenüber der deutschen Nation eine Politik der Neutralität. Sie wollten vermeiden, in deren innere Konflikte hineingezogen zu werden.[170]

Humanismus und Reformation

An der Wende vom 15. zum 16. Jahrhundert waren die Humanisten dank ihrer Organisation in Zirkeln zu einer „deutschnationalen" Bewegung geworden, stellte Joseph Lortz fest. Weiten Kreisen der Bevölkerung vermittelten sie das Bewusstsein eines „geistigen Gesamtdeutschlands". Zu ihren Feindbildern gehörten der Papst, die Kirche im Rheinland sowie Theologen der Universitäten Köln und Löwen. Mit Spott und Hass kritisierten sie nicht nur die Missstände in der Kirche, sondern stellten sie in Frage. Im Unterschied zu den italienischen und rheinischen Humanisten gelang es den „schwerfälligen und gewissenernsten Deutschen" nicht, „bei bestehendem Gegensatz einen Modus vivendi mit diesem Gegensatz zu finden". Stattdessen schufen sie mit ihren Briefen und Flugschriften eine antirömische und antikirchliche Atmosphäre, die weite Kreise der deutschen Nation erfasste.[171]

1517 versandte Martin Luther 95 lateinische Thesen gegen den Missbrauch des Ablasses an hohe kirchliche Würdenträger. Ein Jahr später verweigerte er auf dem Reichstag zu Augsburg den Widerruf seiner Lehre und bestätigte seine ablehnende Haltung gegenüber der Institution des Papsttums, das er als Feind der deutschen Nation betrachtete. Seine Abgrenzung von anderen Nationen beweist auch seine in der Flugschrift „An den christlichen Adel deutscher Nation" geforderte nationale Kirchenreform. Die Durchführung der Reformation überließ Luther den Fürsten, ernannte sie zu „Notbischöfen", übertrug ihnen die Aufsicht über die Pfarrer. Da geistliche und weltliche Macht in einer Hand vereint waren, konnten die Untertanen diese nicht mehr gegeneinander ausspielen. „Der protestantische Fürstenstaat lutherischer Prägung hat das geistliche dem weltlichen Schwert untergeordnet. Der Landesherr und seine Behörden gewannen Kontrolle über die Gesinnung der einzelnen Untertanen und konnten Gehorsam einfordern", schrieb Georg Schmidt.[172]

Konrad Heresbach. Büste der in Jülich lebenden tschechischen Künstlerin Majka Wichner nach der Vorlage eines Gemäldes von Bartholomäus Bruyn d. Ä. von 1534.

Den von Erasmus von Rotterdam kosmopolitisch geprägten rheinischen Humanisten waren das nationale Denken, das antiromanische und antipäpstliche Feindbild ihrer deutschen Kollegen fremd. Im rheinischen Humanismus lebten der christliche Universalismus des Mittelalters und die Spiritualität der Devotio moderna fort, deren eindruckvollstes Zeugnis das Thomas von Kempen zugeschriebene Werk über die Nachfolge Christi ist. Die Humanisten wollten Missstände in der Kirche durch Reformen beseitigen, ihre Einheit wahren und einen Bruch mit dem Papst vermeiden. Einige gingen mehrere Jahrzehnte ihren eigenen Weg und versuchten, die sich bildenden Konfessionen miteinander zu versöhnen. Die meisten unterstützten die von Petrus Canisius maßgeblich betriebene religiöse Erneuerung, die das Erbe des rheinischen Mittelalters bewahrte und weiterentwickelte.[173]

Humanismus und Reformation

Zu ihren führenden Vertretern gehörten der jülich-bergische Kanzler Johann von Vlatten und Konrad Heresbach, Gelehrter, herzoglicher Rat und Erzieher Herzog Wilhelms V. Die von ihnen zeitweise maßgeblich mitgestaltete Politik sicherte trotz religiöser Spannungen den Vereinigten Herzogtümern Jülich-Kleve-Berg den inneren Frieden und trug dazu bei, dass der vom herzoglichen Leibarzt Dr. Johann Weyer bekämpfte Hexenwahn diese Territorien kaum berührte. Obwohl ihr Versuch scheiterte, mit friedlichen Mitteln die Einheit der Kirche zu wahren, hatte ihr Wirken für das Rheinland große Bedeutung. Rückblickend schrieb Wilhelm Janssen: „Vielleicht stellen diese Früchte der Humanität – Duldsamkeit, Mäßigung, Klarheit –, die aus der humanistischen Geistigkeit erwachsen sind, das Beste an jenem Erbe dar, das die Vereinigten Herzogtümer hinterlassen haben."[174]

Das Rheinland gehörte zu den wenigen Landschaften des Heiligen Römischen Reiches, in denen das Prinzip „cuius regio – eius religio", wonach die Untertanen die Konfession ihres Landesherrn übernehmen mussten, nicht oder nur sehr beschränkt angewandt wurde. Wenige Ausnahmen bestätigten die Regel. Im Kurfürstentum Trier gab es dieses Problem nicht, weil der Kurstaat von der Reformation kaum berührt wurde. Beschränkt angewandt wurde es im Kurfürstentum Köln, nicht angewandt in den Vereinigten Herzogtümern. Herzog Wilhelm V., der selbst zwei zum Protestantismus übergetretene Töchter hatte, war davon überzeugt, dass die Einheit der Kirche nur mit Gottes Hilfe, gegenseitiger Toleranz und Gesprächen wiederhergestellt werden könnte. Sein Wahlspruch: „Christus spes una salutis" (Christus ist die einzige Hoffnung auf bessere Zustände). Gewalt lehnte er ab. Damit nahmen er und die rheinischen Humanisten eine Position ein, die über 400 Jahre später im Katechismus der katholischen Kirche als Grundsatz der Glaubensverkündigung für die Weltkirche verbindlich festgeschrieben wurde.[175]

Und doch blieb das Rheinland von Gewalt nicht verschont. Anhänger der verschiedenen Konfessionen suchten ihren politischen Vorteil oder schickten Söldnerbanden gegen den „Konfessionsfeind". Die außer Kontrolle geratenen Berufskiller gingen rücksichtslos gegen Unschuldige vor, plünderten, zerstörten Eigentum und mordeten hemmungslos. Ihr Wüten förderte die Verständigung zwischen den verfeindeten Parteien. „Es entstand die Toleranz einer ebenso christlichen wie praktischen Vernunft", schrieb Heinz Finger. Die Einsicht, dass religiöse Probleme nicht mit Gewalt zu lösen sind, ist im Rheinland zwar jünger als in Polen und Litauen, aber älter als in Großbritannien und Frankreich. Diese „praktische Toleranz" hat eine „sehr lange und sehr segensreiche Tradition". Sie ist „eine echte Besonderheit des Erbes der Reformationszeit im Rheinland". Als über 250 Jahre später durch den Kulturkampf die konfessionellen Gegensätze verschärft wurden, verzichteten die kirchlich orientierten Protestanten auf die vom preußisch-deutschen Regime geforderte Polemik gegen die Katholiken.[176]

Im 16. Jahrhundert traten nur 35 rheinische Adelige zum Protestantismus über, davon vermutlich 20 zum lutherischen, 15 zum calvinistischen Bekenntnis. Innerhalb der evangelischen Bevölkerung des Rheinlandes bildeten die Lutheraner eine Minderheit. Schon 1519 hatte die theologische Fakultät der Universität Köln 41 Sätze aus Luthers Schriften als Irrlehre verurteilt. Trotz heftiger Kritik an den Missständen in der Kirche gab es im größten Teil des Rheinlandes nicht einmal Reformationsversuche. Als in Trier, Andernach, Neuss und anderen Städten Unruhen ausbrachen, forderten die Aufständischen zwar soziale Reformen und die Abschaffung der Klerusprivilegien, aber keine Reformation. Zwei Versuche, das Kurfürstentum Köln zu reformieren, scheiterten am Desinteresse und am Widerstand von Bevölkerung, Adel und Klerus, die von Kaiser Karl V. unterstützt wurden. Vom Bauernkrieg blieb das Rheinland verschont.

Luther und Melanchthon, sein Wittenberger Mitstreiter, nannten für ihren Misserfolg im Rheinland zwei Gründe: Im Unterschied zum größten Teil Deutschlands war die katholische Kirche im Rheinland nicht zu erschüttern. Sie zeigte keine Geschlossenheit, sondern jene Vielfalt in der Einheit, die dem Begriff „katholisch" entspricht. In den rheinischen Humanisten sahen die deutschen Reformatoren gefährlichere Gegner als in den konservativen Katholiken. Melanchthon schrieb in seinem für Luther erstellten Gutachten, diese Reformer wollten weder die katholische Lehre und Liturgie abschaffen noch die Einheit der Kirche gefährden, sondern lediglich Missstände beseitigen. Den zweiten Grund sahen die Reformatoren im Frühcalvinismus, den sie jedoch nicht als solchen erkannten. Dessen Anhänger bezeichneten sie als „Schwärmer".

1533/34 kamen calvinistische Flüchtlinge aus England nach Wesel. Sie beeinflussten ihre dort lebenden flämisch-niederländischen Glaubensgenossen durch ihre Prinzipientreue. Ihre Zahl wuchs nach der Ankunft des Herzogs Alba in den Niederlanden. Die Grafschaft Moers, einige kleine Herrschaften am Niederrhein, die Grafschaften Wied und Sayn, die Herrschaft Humburg, Teile des Bergischen Landes und des Hunsrücks wurden in der zweiten Hälfte des 16. Jahrhunderts calvanistisch. Der Calvinismus erreichte seine Erfolge auf Kosten des Luthertums, das beinahe unterging. Zu Beginn des 17. Jahrhunderts behauptete es sich nur noch in einigen Familien des klevischen Landadels, kleinen Gebieten des Bergischen Landes und einigen evangelischen Orten als Minderheit.

Humanismus und Reformation

Friedrich Spee. Ölbild aus der 1. Hälfte des 17. Jahrhunderts.

Damals waren die Rheinländer zu über 75 % katholisch, zu weniger als 15 % reformiert und zu knapp 10 % lutherisch. 1817 gehörten 76 %, 1910 etwa 69 % der katholischen Kirche an.[177] Durch Aufnahme ostdeutscher Flüchtlinge und Einwanderer aus aller Welt veränderte sich im 20. Jahrhundert die konfessionelle Zugehörigkeit der Bevölkerung. Zwischen 1994 und 1998 waren mindestens 55 % bis 57 % (vermutlich bis zu 60 %) katholisch, 29 % bis 31 % evangelisch und etwa 4 % bis 5 % muslimisch. Zwischen 4 % und 12 % gehörten anderen Glaubensgemeinschaften an, machten keine Angaben oder bezeichneten sich als konfessionslos.[178]

Trotz Humanismus und religiöser Toleranz blieb die Justiz in einigen rheinischen Territorien so grausam, wie sie schon im Mittelalter gewesen war. Unter ihr litten vor allem die Randgruppen der Gesellschaft wie Gaukler, Bettler und Dirnen. Sie wurden nicht besser behandelt als in anderen Gegenden Europas.[179] Ein Beispiel dafür ist die Hexenverfolgung im Kurfürstentum Trier, einigen Territorien der Eifel und im Kurfürstentum Köln. Dort ließ der Erzbischof sogar ein Ausrottungsprogramm erstellen und von seinem fanatischen Handlanger Dr. Buirmann ausführen. Es gab jedoch eine unbekannte Zahl von Gegnern der Hexenverfolgung im Rheinland. Zu den schärfsten Kritikern gehörte neben Dr. Weyer der Priester, Dichter und Publizist Friedrich Spee von Langenfeld. Der 1591 in Kaiserswerth bei Düsseldorf geborene, 1635 in Trier verstorbene Jesuit erkannte als einer der Ersten die Macht der öffentlichen Meinung und wusste sie zu beeinflussen. In seinem Werk „Cautio Criminalis" machte er die Fürsten, deren Ratgeber, die Hexenrichter, die Hexenbeichtväter, das Volk, die Hexenliteratur und die Prediger für den Wahn und die Verfolgung verantwortlich, was ihm die Feindschaft von Mitgliedern seines Ordens einbrachte. Den Hexenrichtern warf er Mord vor, den untätigen Fürsten Justizmord, weil sie die Aufsicht über die Justiz vernachlässigten oder nicht ausübten. Auf das Schärfste verurteilte er, dass man „Schuldlose für schuldig hält" und schrieb: „Es ist besser, dreißig und noch mehr Schuldige laufen zu lassen, als auch nur einen Unschuldigen zu bestrafen." Mit seinem Buch trug er dazu bei, die Hexenverfolgung zu beenden und die Folter abzuschaffen.[180]

Im Dreißigjährigen Krieg hielten die rheinischen Fürsten an ihrer Neutralität gegenüber der deutschen Nation fest und setzten alles daran, ein Übergreifen der Kämpfe auf das Rheinland zu verhindern. Es gelang ihnen nur teilweise, Kleve wurde erheblich in Mitleidenschaft gezogen. Jülich-Berg konnte seine Politik der bewaffneten Neutralität nicht durchsetzen, weil die deutschen Kriegsparteien sie nicht respektierten die Landstände das Geld für den Unterhalt eigener Truppen verweigerten. Der Kölner Kurfürst sicherte dem Kurstaat bis in die Schlussphase des Krieges Frieden und wirtschaftliches Wachstum, indem er eine „distanziert kaisertreue, aber latent spanienfeindliche Haltung einnahm". Dies garantierte ihm spannungsfreie Beziehungen zu den aufständischen nördlichen Niederlanden, die gegen die spanische Herrschaft über ihr Land kämpften. Die Stadt Köln blieb von den Kämpfen verschont. Der Erzbischof von Trier schloss ein Schutzbündnis mit Frankreich und Schweden, geriet aber für zehn Jahre in kaiserliche Gefangenschaft. Bis zum Ende des Krieges kontrollierten die von ihm gerufenen französischen Truppen das Moseltal. Dem Schutz Frankreichs war es zu verdanken, dass der Frieden von Münster und Osnabrück dem Kurstaat keine Nachteile brachte. Dieser 1648 geschlossene Friedensvertrag änderte politisch im Rheinland nichts. Die

Humanismus und Reformation

konfessionellen Verhältnisse blieben unberührt. Im Unterschied zur deutschen Geschichte bildet er keinen „markanten Zeitschnitt".

Die kaiserlichen und die mit ihnen verbündeten Truppen hatten vor allem Jülich-Berg und Trier erheblich verwüstet. In Jülich-Berg starben 25 % der Bevölkerung an den Kriegsfolgen wie Hunger und Seuchen, in

Gnadenbild der Trösterin der Betrübten in Kevelaer.
Im Hintergrund die Stadt Luxemburg. Kupferstich von 1640,
wahrscheinlich Amsterdam.

Trier 150.000 Menschen, etwa die Hälfte der Einwohner des Kurstaates. Zudem hatten die niederrheinischen Fürstentümer bereits durch den spanisch-niederländischen Krieg gelitten.[181] Besonders betroffen waren das Oberquartier Geldern und Teile des Herzogtums Kleve, wo seit 1578 immer wieder Kämpfe stattfanden. Zwischen 1635 und 1637 starb ein Drittel der Bevölkerung des unteren Niederrheins an der Pest. 1642 lieferten sich kaiserliche Truppen und ihre Gegner heftige Gefechte. In diesem Jahr entstand in dem schwer betroffenen Kevelaer die Wallfahrt zur Muttergottes als „Trösterin der Betrübten". Das Gnadenbild, ein Wallfahrtsbildchen der Luxemburger Muttergottes („Consolatrix Afflicotorum"), löste nach den Worten des Kulturhistorikers Robert Plötz „als religiöse Bewegung eine der Hauptwallfahrten in der europäischen Sakralgeografie" aus. Nach Kevelaer kommen Pilger aus dem gesamten Rheinland, vor allem aus dem nördlichen Teil des Landes, aus den Niederlanden, Belgien und Westfalen, gelegentlich auch aus anderen Ländern Europas. Weder die französischen Revolutionäre, noch die preußischen Machthaber und die Nationalsozialisten konnten diese Wallfahrt unterbinden. Im Jahre 1999 kamen etwa 800.000 Pilger, darunter 1.400 Gruppen. Den aus Düsseldorf stammenden, von Preußen ins Pariser Exil getriebenen jüdisch-evangelischen Dichter Heinrich Heine erinnerte Kevelaer bis zum Tode an seine rheinische Heimat. Sein Gedicht „Die Wallfahrt nach Kevelaer" ist weltweit verbreitet.[182]

Außer Kevelaer bestehen noch zwei größere Zentren der Marienverehrung im Rheinland. Das in der Nähe von Wittlich gelegene Klausen ist der bedeutendste Marien-Wallfahrtsort im moselfränkischen Raum, Neviges bei Velbert der wichtigste im Bergischen Land. Die herausragende Bedeutung der Marienverehrung im Rheinland belegt die Zahl der Wallfahrtsorte: Von 175 sind 93 der Muttergottes, 21 Christus und 61 Heiligen geweiht.[183]

Die Territorien

Mit der Niederlage des Kölner Erzbischofes in der Schlacht von Worringen war sein Versuch gescheitert, den Niederrhein mit der Metropole Köln unter seiner Führung zusammenzufassen. Stattdessen bildeten sich Territorien, deren Landesherren, die *domini terrae*, zu Grafen und Herzögen aufstiegen. Schließlich erreichten sie den gleichen Rang wie ihr ehemaliger Lehnsherr. Wilhelm Janssen charakterisierte den Niederrhein als „eine Landschaft von unverwechselbarer Eigenart". Er bildete ein durch „unausgesetzte wechselseitige Eheverbindungen zwischen den

Die Territorien

Dynastenfamilien eng zusammengefügtes und verklammertes Territorialsystem". Außer dem Kurfürstentum Köln gehörten ihm die Vereinigten Herzogtümer Jülich-Kleve-Berg an. Durch Erbschaft, Heirat und von schwächeren Territorien erbetene Schutzverträge übernahmen die Herzöge fast alle kleineren Fürstentümer mit Ausnahme der Klöster, Stifte, Reichsstädte und der Grafschaft Moers. Am Mittelrhein entwickelte sich nur das Kurfürstentum Trier zu einem Territorialstaat. Die übrigen Territorien waren zwar stark genug, sich zu behaupten und die Ausdehnung Triers zu begrenzen, aber zu klein, um einen Territorialstaat zu bilden.

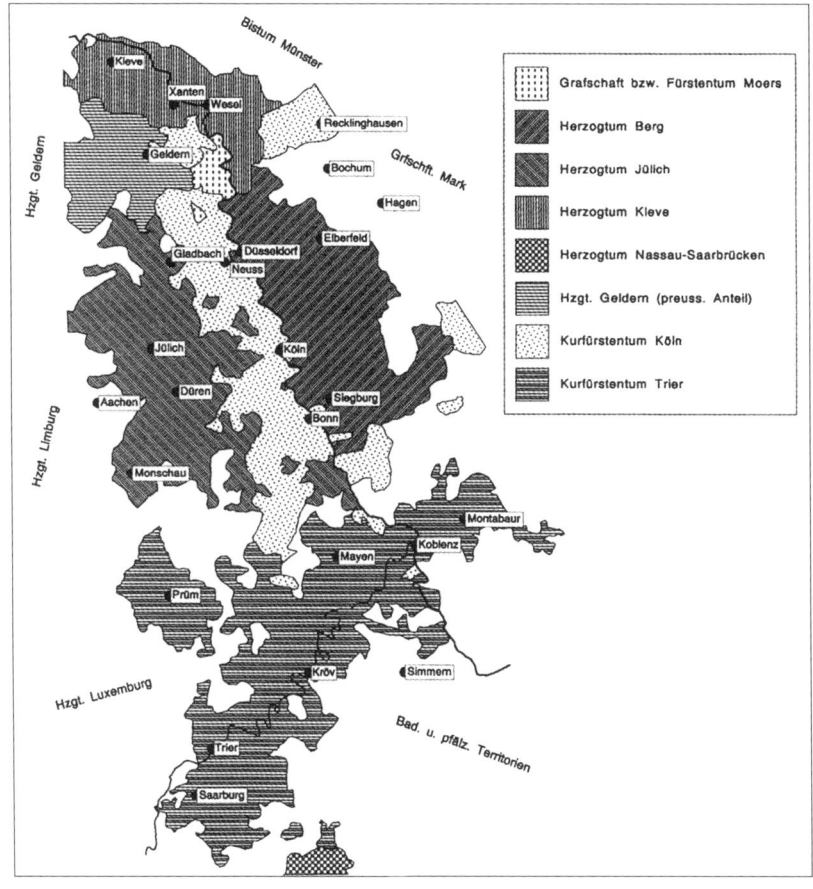

Die größeren Territorien des Rheinlandes vor 1794

GESTALTENDE KRÄFTE

Bereits im 14. Jahrhundert weiteten die Landstände der Territorien ihr Recht auf Mitbestimmung und Mitwirkung in allen die Territorien betreffenden Angelegenheiten erheblich aus. Durch ihre Beteiligung an Regierung und Verwaltung förderten sie die Entwicklung des öffentlichen Rechts, das im Fürsten die öffentliche von der privaten Person unterschied. So trennten die Landstände in Kleve 1496 den Privathaushalt des Herzogs vom Staatshaushalt. Seit 1350 bestanden in allen rheinischen Territorien Gemeinden, die entsprechend ihrer Siedlungsstruktur aus einem Dorf oder einem Kirchspiel gebildet waren. Viele von ihnen entwickelten starke Elemente einer Selbstverwaltung, auf welche die technisch noch sehr begrenzten fürstlichen Verwaltungen angewiesen waren. Zudem gab es in den Vereinigten Herzogtümern Jülich-Kleve-Berg keine klare Trennung zwischen Stadt und Land. Auch die unterschiedlichen Schichten der Gesellschaft waren nicht klar voneinander abgegrenzt. Bürgerliche kauften Rittergüter, Gewerbe und Industrie gab es auch in ländlichen Gebieten. Nach dem Vorbild ihrer burgundischen Nachbarn hatten die Herzöge im 15. Jahrhundert eine moderne Verwaltung geschaffen und die Reste des Feudalismus beseitigt. Die gesellschaftliche Struktur der Vereinigten Herzogtümer war derjenigen in den Niederlanden sehr ähnlich. Dort und in den rheinischen Fürstentümern herrschte größere Freiheit als in den meisten Territorien der deutschen Nation. Durch diese Entwicklung und seine „Verflechtungen mir dem fortschrittlichen Westeuropa" gewann das Rheinland einen „deutlichen Modernitätsvorsprung" vor dem mitteleuropäischen Deutschland.[184]

In den rheinischen Territorien behaupteten Städte und Gemeinden eine weitgehende kommunale Selbstverwaltung. Die mittelalterliche Grundherrschaft wurde nicht in eine Gutsherrschaft umgewandelt. Auch die Bauern sanken nicht in die Leibeigenschaft ab wie in vielen Gebieten Ostdeutschlands. Sie blieben frei, mussten jedoch Abgaben entrichten, darunter den sie bedrückenden Zehnt.

Der Handel und die vielfältigen Einflüsse von außen förderten eine wirtschaftliche, politische und kulturelle Entwicklung, die dem Rheinland ein Regime wie in Preußen ersparte. Außer in den von Preußen beherrschten Ländern Kleve, Geldern und Moers gab es nirgendwo Despoten. Selbst dort konnte sich der aufgeklärte Despotismus nur begrenzt durchsetzen und hatte nicht so verheerende Folgen wie in Preußen. Der in Europa weit verbreitete Absolutismus kam wegen des Widerstandes von Adel und Bevölkerung über Ansätze nicht hinaus. Einige Herrscher drängten zwar den Einfluss der Stände auf die Politik zurück, scheiterten aber mit ihren Versuchen, deren Rechte zu beschneiden. Nicht einmal in den preußischen Territorien gelang es, die Landstände zu beseitigen. Die

Die Territorien

Das von Gabriel de Grupello 1703–1711 in Bronzeguss geschaffene Jan-Wellem-Denkmal auf dem Marktplatz in Düsseldorf zählt zu den bedeutendsten Reiterstandbildern seiner Zeit. Johann Wilhelm, Kurfürst von der Pfalz, Herzog von Jülich-Berg (1960–1716) förderte Kunst und Musik, erbaute Schloss Bensberg und gründete in Düsseldorf die Gemäldegalerie mit ihrer reichen Rubenssammlung.

Gebiete waren zu weit vom ostelbischen Preußen entfernt, hatten andere wirtschaftliche und soziale Strukturen sowie Kontakte zu den benachbarten Ländern, was den politischen Handlungsspielraum der Könige einschränkte.

Das Kurfürstentum Köln regierten mehrere Kurfürsten aus dem Hause Wittelsbach. Der bekannteste von ihnen, Clemens-August, Erzbischof und Kurfürst von Köln, Bischof von Münster und Paderborn, Hildesheim und Osnabrück, wurde als Sohn des bayerischen Kurfürsten und einer polnischen Prinzessin 1700 in Brüssel geboren. Von 1723 bis zu seinem Tode 1761 regierte er das Kurfürstentum Köln. Nach verheerenden Kriegen sicherte er ihm Frieden und Wohlstand, ließ von Architekten und Künstlern aus Deutschland, Frankreich und Italien Schloss Augustusburg in Brühl sowie weitere Bauten mit Gärten errichten. Sein am Vorbild von Versailles orientierter Hof beeinflusste den Lebensstil in den Schlössern des Adels und den Häusern der reichen Bürger. Die vom Rokoko geprägte prächtige Fassade des Staates stand im Gegensatz zu den dürftigen Lebensbedingungen breiter Schichten der Bevölkerung. Dies wurde von der herrschenden Schicht ebenso verdrängt wie die Veränderungen in Wissenschaft, Technik und Wirtschaft. Da die notwendigen Reformen in Verwaltung, Gesellschaft und Wirtschaft über Ansätze nicht hinausgingen, trug der Adel selbst zu seinem Sturz und damit zum Ende des Ancien Régime bei, das von den französischen Revolutionstruppen beseitigt wurde.[185] Im 18. Jahrhundert war das regionale Eigenbewusstsein in den rheinischen Territorien so stark ausgeprägt, dass sie sich von ihren Nachbarn abgrenzten. 1793 berichtete der Schweizer Christoph Cirtanner über das Gebiet an Mosel und Mittelrhein, dort seien die Kleinstaaten und abhängigen Gebiete derart miteinander verflochten, dass „man nur selten vier oder fünf Stunden Wegs machen kann, ohne mehrerlei Gebiete zu betreten. Die kleinen Landstände sind Dörfer, welche aneinander stoßen, sind also einander fremd und, anstatt ein gemeinsames Interesse zu haben, trennt sie immer Eifersucht und stille Feindschaft voneinander."[186] Besonders auffällig waren die Unterschiede im Recht. Damals galten im Rheinland das erneuerte und vermehrte Kurtrierer Landrecht von 1713, die Kurkölnische Rechtsordnung von 1663 und die Rechtsordnung von Jülich-Berg aus dem Jahre 1555, die 1556 und 1564 erneuert worden war. Hinzu kamen die Stadtrechte und eine Vielzahl von Rechtsordnungen in den kleineren Territorien.[187]

Und doch hatten die Länder in Nieder- und Mittelrhein so viele Gemeinsamkeiten, dass sie schon vor 1794 als eigener Raum betrachtet wurden. Man bezeichnete das Rheingebiet zwischen Mainz und der niederländischen Grenze als „rinisch" oder „rinsch".[188] Der aus Höchst am Main stammende, in Zürich lebende J. C. Riesbeck nannte die Territorien dieses Raumes 1783 „Rheinländer", ebenso die dort lebende Bevölkerung. 1787 sprach auch der Italiener A. Bertola in seinem Reisebericht über dieses Gebiet von der *indole de Renani*, was einige Jahre später mit „Charakter der Rheinländer" übersetzt wurde. Als Einheit betrachtete auch der aus Unterfranken stammende Bonner Professor Eulogius Schneider diesen Raum, als er 1789 dessen landschaftliche Schönheit pries, die „hohe Gefühle im Herzen des Rheinländers" wecke.[189]

Nach dem Urteil des Kölner Volkskundlers Adam Wrede bildeten die „mittel- und niederfränkischen Länder am Rhein" trotz ihrer territorialen Zersplitterung und der Unterschiede in Sprache und Lebensweise „eine Einheit, die in ihren verschiedenen Richtungen weniger ihren Bewohnern bewusst als tatsächlich vorhanden war". Schon lange vor 1794 hatte sich das mittlere Rheinland um Köln zu einem wirtschaftlichen Zentrum entwickelt. Köln beeinflusste nicht nur seine Nachbarn Jülich und Berg, sondern auch die Eifel, den unteren Niederrhein und das Rheintal bis Koblenz. Der Bevölkerungsaustausch vollzog sich über die Territorialgrenze hinweg, was die Beziehungen untereinander stärkte und dazu führte, dass sich die einzelnen Landschaften gegenseitig beeinflussten. „Nirgendwo bildet der Rhein irgendeine Grenze", schrieb er. „Quer über den Strom

gingen und gehen noch heute dieselben Volksstämme, Mundarten, Siedlungsweisen, Lebensgewohnheiten. Wichtige Straßen und Verkehrswege gingen und gehen desgleichen quer über den Strom." Durch gemeinsame Interessen in Kultur und Wirtschaft wurden die Landschaften an Mittel- und Niederrhein „auch im Sinne der Volkskunde in mancher Hinsicht verbunden und vereinheitlicht."[190]
Köln war zwar das geistige, kulturelle und wirtschaftliche Zentrum des Rheinlandes, aber es fehlten ihm für das gesamte Land zuständige politische oder administrative Institutionen. Gewiss bildeten die beiden Erzbistümer Köln und Trier im religiösen und kulturellen Bereich wichtige Klammern. Die politisch-administrative Zuständigkeit der beiden Erzbischöfe reichte jedoch nicht über ihre Territorien hinaus. Es fehlte das einheitliche Recht. Zudem waren die Grenzen der als „rheinisch" bezeichneten Landschaft unklar. Viele, vor allem kleine, von den Verkehrsströmen abgelegene Territorien, Landstädte und Dörfer hatten kaum Möglichkeiten sich wirtschaftlich zu entwickeln, was in einigen Gebieten zu einer „intellektuellen Weltverschlossenheit" und Selbstgenügsamkeit führte, „Lebensgefühl und Disposition der Menschen nachhaltig" prägte.[191]

Die französische Zeit

Die am 14. Juli 1789 ausgebrochene Französische Revolution wurde in den aufgeklärten Kreisen der rheinischen Gesellschaft und an den Universitäten begeistert begrüßt. Protest und Aufruhr folgten. In Trier erhoben sich die Zünfte, in kleinen Städten am Rhein kam es zu Tumulten. Der Kölner Magistrat sah sich einem Ansturm „auf Pariser Art" gegenüber. Die Bürger wollten lokale Missstände beseitigen. In Trier stellten sich die Direktoren der Stände, im kurkölnischen Landtag die städtischen Vertreter auf ihre Seite.
1792 besetzte die französische Armee das Rheinland. Mit Parolen wie „Krieg den Palästen, Friede den Hütten" und „Befreiung aller Unterdrückten" war sie vormarschiert.[192] Aber die Begeisterung blieb aus. Die Bevölkerung zeigte nur dort Interesse an revolutionären Ideen, wo sie keine Kontributionen zahlen musste. Selbst in den Gebieten, in denen die Armee keine Abgaben erhob, konnte sich nur eine Minderheit für „Freiheit, Gleichheit und Brüderlichkeit" begeistern. Viele zeigten demonstrativ ihre Zufriedenheit mit der bestehenden Ordnung, auch jene, die sie bisher öffentlich kritisiert hatten.
Oft leisteten sie nur unter Repressalien den geforderten Eid auf die revolutionären Prinzipien. „Man zwang das Volk zur Freiheit", räumte

neun Jahre später ein ehemaliger Jakobiner ein. Widerstand formierte sich. Die Last der Besatzung mussten diejenigen tragen, die nach den Parolen der Revolutionäre befreit werden sollten: Bürger und Bauern. Die Besatzer zwangen den Rheinländern die französische Ordnung auf und erklärten den Rhein zur natürlichen Grenze Frankreichs. Schon im Frühjahr 1793 war der Spuk vorüber. Die Revolutionäre wurden vertrieben. Aber im Spätherbst desselben Jahres kamen sie zurück. Bis Ende Oktober 1794 eroberten sie das gesamte Rheinufer. Am 15. September 1793 hatte der Konvent beschlossen, alle „philanthropischen" Grundsätze bei der Kriegsführung aufzugeben und das Kriegsrecht anzuwenden. Jede Eroberung und Besetzung fremden Landes hatte nur noch dem Interesse Frankreichs zu dienen. Vier Jahre wurde das Rheinland auf das Schärfste ausgebeutet, damit Frankreich seine Revolutionskriege bezahlen konnte. Hinzu kamen Übergriffe, Geldgeschäfte und Erpressungen französischer Beamter, Missstände in der Verwaltung und die laizistische Kirchenpolitik. Der Kölner Dom wurde zeitweise als Gefangenenlager und Pferdestall missbraucht. Die Revolutionäre betrieben ihre Politik jedoch bei weitem nicht mit der gleichen Härte wie die *déchristianisation*, die „Entchristlichung" Frankreichs. Aber die Rheinländer verglichen nicht die Zustände in Frankreich vor 1789 und die Maßnahmen danach, sondern die Verhältnisse im eigenen Land mit der jetzigen Politik. Und dabei kamen die französischen Revolutionäre schlecht weg: Sie hatten nicht mehr, sondern weniger Freiheit gebracht, geplündert und gemordet, einige Landstriche verwüstet, die alte Ordnung zerstört, aber die versprochene neue nicht errichtet.

Öffentlichen Protest gab es selten, denn er hätte die Besatzer zu Gewalt hinreißen können. So passte man sich an, wählte revolutionäre Formeln in der Hoffnung, Eingaben hätten nun größere Aussicht auf Erfolg. Dagegen weigerten sich die vom Ancien Régime übernommenen Beamten, die verlangten Treue-Eide zu leisten, indem sie rechtliche Vorbehalte geltend machten. „Dass die Bevölkerung in dieser Situation dem Drängen der Besatzer nicht einfach nachkam, zeigt, dass sie reflektiert vorging und um Wert und Würde freier politischer Willensäußerung und Entscheidung wusste", schreibt Uwe Andreae.[193]

Ein Beispiel für den Versuch, die eigenen Interessen zu wahren und dabei Konflikte mit den Besatzern nach Möglichkeit zu vermeiden, ist die Politik der Stadtrepublik Köln. Am 22. Januar 1795 übersandten Rat und Magistrat dem französischen Nationalkonvent eine Petition mit der Adresse: „Der Senat der Ubier an den Nationalkonvent zu Paris". Darin unterrichteten sie die Abgeordneten davon, dass Köln bereits seit 2000 Jahren jene Freiheit genieße, die Frankreich sich eben erst gegenüber der

Die französische Zeit

Aristokratie erkämpft habe. Jetzt müsse Köln sie gegenüber der französischen Verwaltung behaupten. Das Schreiben verwies auf die Neutralität der Stadt. Köln habe sich den französischen Truppen kampflos ergeben und doch einen großen Verlust an Kunstgegenständen, Beständen der öffentlichen Bibliothek und des Zeughauses erlitten. Zudem müsse es die „ungeheure Kontribution" von 25 Millionen Livres zahlen. Der Rat befürchtete, Kölns Verfassung werde durch eine neue Gemeindeordnung nach französischem Vorbild ersetzt. Deshalb beauftragte der Rat den Bürgermeister Johann Nikolaus Maria Dumont und den Ratsherrn Stöhr, nach Paris zu reisen und beim Nationalkonvent zu beantragen, „dass die Stadt in ihrer republikanischen und demokratischen Regierung, in ihrer Freiheit, ihren Gesetzen und Gebräuchen ohne die mindeste Änderung oder Störung geschützt, unterstützt, gehandhabt und dabei belassen werde". Verständigungsschwierigkeiten gab es nicht, weil Dumont die französische Sprache in Wort und Schrift beherrschte. Am 19. März 1795 konnten die beiden Deputierten dem Nationalkonvent ihr Anliegen vortragen. Dessen Präsident dankte für den Vortrag und ließ die Petition an den Wohlfahrtsausschuss überweisen. Dieser hatte jedoch schon am 25. Februar 1795 die Eingabe Kölns als unbegründet zurückgewiesen. Kölns Regierungsform möge sein wie sie wolle, die Stadt sei Teil des Reiches gewesen, als die französische Armee sie besetzt habe. Deshalb habe Frankreich das Recht, sie wie ein erobertes Land zu behandeln. Da der Volksrepräsentant Gillet dank der freundlichen Haltung der Bevölkerung gegenüber dem französischen Militär die Abgaben von 25 Millionen auf 8 Millionen ermäßigt habe, „finde hierüber keine weitere Überlegung statt." Köln bat vergeblich: Gegen den Willen eines großen Teiles der Bevölkerung wurde im September 1797 die alte Verfassung abgeschafft.[194]

Die französischen Revolutionäre stießen nicht nur auf Misstrauen, Ablehnung und Widerstand. Begeistert hatten die rheinischen Jakobiner die Revolution und den Einmarsch der Armeen als Befreiung begrüßt. Sie selbst nannten sich „Patrioten". Die große Mehrheit von ihnen warb für Ideen, die mit denen ihrer Gesinnungsgenossen in Frankreich nicht in allen Punkten übereinstimmten. Sie teilten zwar deren Grundsätze „Liberté, Egalité, Fraternité", bestanden aber auf eigenen Definitionen.[195]

Im Dezember 1797 wurden die Territorien westlich des Rheins aufgelöst und vier Departements errichtet: Roer, Rhein-Mosel, Donnersberg und Saar mit den Hauptorten Aachen, Koblenz, Mainz und Trier. Ihre Zentralverwaltungen bestanden aus zwei französischen und zwei rheinischen Mitgliedern, die ein Kommissar überwachte. Obwohl vor allem in den Städten und Gemeinden rheinische Patrioten und andere Repräsentanten der Bevölkerung an den Verwaltungen beteiligt waren, gelang es

Frankreich nicht, die Mehrheit der Rheinländer für ihre Republik zu gewinnen. Auf Drängen der französischen Funktionäre sprachen sich in weniger als einem Drittel der über 3.500 Orte nur 57.000 von 1,3 Millionen Einwohnern für die Eingliederung in die Republik aus. Aber es gab auch keinen bedeutenden Protest oder Aufruhr gegen den Anschluss an Frankreich.

Jetzt gerieten viele rheinische Patrioten in Konflikt mit den Machthabern, die sie herbeigesehnt hatten. Sie nutzten die Pressefreiheit, um Missstände anzuprangern. Einer der schärfsten Kritiker war Joseph Görres mit seinem „Rothen Blatt", das er im Herbst 1798 in „Rübezahl" umbenannte. Dem letzten, im Juli 1799 erschienenen Heft fügte er eine Denkschrift an das französische Parlament bei, welche die Beschwerden der rheinischen Patrioten des Departements Rhein-Mosel zusammenfasste. Mit dem früheren Mainzer Patrioten Eikemeier fuhr Görres im November 1799 nach Paris, „ins Land der stolzesten Republikaner und der verworfenen Sclaven". Die beiden Deputierten wollten im Namen der rheinischen Patrioten das Ende der Besatzung mit ihren bedrückenden Lasten und die staatsrechtliche Vereinigung mit Frankreich fordern. Dort hatte gerade Napoleon Bonaparte mit einem Staatsstreich die Macht an sich gerissen. „Ein Akt des Dramas hatte ausgespielt, ein neuer begann."[196]

Da die Revolution nur noch nationale französische Ziele verfolge, stelle sich die Frage, ob „unter den gegenwärtigen Umständen" der Anschluss des linken Rheinufers an Frankreich mit den rheinischen Interessen zu vereinbaren sei.[197]

Darüber hatten die betroffenen Rheinländer jedoch nicht zu befinden. Im Frieden von Lunéville trat Kaiser Franz II. am 9. Februar 1801 im Namen des Heiligen Römischen Reiches Deutscher Nation das linke Rheinufer an Frankreich ab. Görres und andere Patrioten zogen sich aus der Politik zurück. Die Herrschaft Napoleons hatte ihnen die letzten Illusionen genommen. Der General brachte Ordnung in das von den Revolutionären angerichtete Chaos. Er schuf ein einheitliches Staatsgebiet mit einer übersichtlichen, straff organisierten Verwaltung und einem klar gegliederten, in seinen Verfahrensformen durchsichtigen Justizwesen. Das für viele spürbare Ergebnis war jedoch der wirtschaftliche Aufschwung. Die wichtigste Reform bestand in der neuen Rechtsordnung, die auf den Grundsätzen der Gleichheit vor dem Gesetz und der bürgerlichen Freiheit beruhte. Sie bildete die Basis für eine Gesellschaft von Staatsbürgern.

Zudem ordnete der Staat das Kirchenwesen neu. Das Erzbistum Köln wurde aufgelöst und das Bistum Aachen errichtet. Trier blieb zwar bestehen, war aber nicht mehr Erzbistum. Beide Bistümer wurden von französischen Bischöfen geleitet und gehörten zur Kirchenprovinz Mechelen.

Zudem hob die Regierung alle Orden, Stifte und Klöster mit Ausnahme der im Schulwesen und in der Krankenpflege tätigen auf, erklärte ihren Besitz zu Nationaleigentum und verkaufte ihn zu Gunsten der Staatskasse. Die Käufer kamen meist aus dem gehobenen Bürgertum. Etwa 40 % des rheinischen Bodens wechselten den Besitzer, was die sozialen und wirtschaftlichen Strukturen im Rheinland erheblich veränderte.

Im Konkordat von 1801 hatte der Staat den Katholizismus zwar als Religion der Mehrheit der Franzosen, nicht aber als Staatsreligion anerkannt. Die Kirche war jedoch nicht Partner, sondern Diener eines Staates, der laizistisch blieb. Aufgrund der staatsbürgerlichen Rechte und Pflichten sicherte er die Gleichheit aller religiösen Bekenntnisse.[198]

Viele Rheinländer bleiben misstrauisch gegenüber der französischen Politik und Verwaltung. Constantin d'Hame schrieb im Frühjahr 1801: „Durch die Abtretung des Landes zwischen Maas und Rhein und Mosel an die fränkische Republik treten wir Bewohner desselben gleichsam in eine neue Welt; wir werden einer Nation einverleibt, die durch Sprache, Sitten und Gesetze und Regierungsformen von uns wesentlich abweicht."

Tatsächlich beteiligte sich die Bevölkerung zwischen 1798 und 1814 kaum an der Politik. Die Mitgliederverzeichnisse der Wahlversammlungen und Geschworenenlisten zeigen, dass sie sich gegenüber dem Regime Napoleons indifferent, bisweilen sogar feindselig verhielt.[199] Trotzdem wurde die Zugehörigkeit des Rheinlandes zum französischen Staat, von wenigen Ausnahmen abgesehen, nicht in Frage gestellt.[200] Die Opposition in den rheinischen Departements richtete sich wie in Frankreich gegen die autoritäre, zunehmend despotische Herrschaft, gegen eine Bürokratie, die erheblich schärfer in das Leben der Bevölkerung eingriff, als diejenige des Ancien Régime es mit ihrer veralteten Struktur gekonnt hatte.[201] Der Einzelne war zwar kein Untertan mehr, aber auch kein mündiger *Citoyen*, wurde weiter „von oben" regiert und von argwöhnischen Beamten abschätzig als *Administré* bezeichnet. Und doch besaß er mehr Rechte und Freiheiten als unter den rheinischen Fürsten.[202]

Misstrauisch gegenüber den deutschsprachigen Rheinländern, versuchte die Pariser Regierung, ihnen die französische Kultur aufzunötigen, was jedoch scheiterte. So wurde das Deutsche zurückgedrängt, um Vorurteile zu bekämpfen, und das Französische als Amtssprache gefördert, weil es nach Meinung der Machthaber die allgemeine Aufklärung förderte. Auch der Unterricht konzentrierte sich immer stärker auf die französische Sprache und Literatur. Selbst frühere Patrioten warfen der Pariser Regierung „Sprachimperialismus" vor und kritisierten, dass die Präfekturen systematisch mit Männern aus dem „Inneren" Frankreichs besetzt wurden.[203] Widerstand regte sich auch gegen überhöhte Steuern und häufige

GESTALTENDE KRÄFTE

Konskriptionen. Seit 1802 erhielten die Zwanzigjährigen Stellungsbefehle, über die Einziehungen entschied das Los. Wer heiratete oder einen Ersatzmann stellte, brauchte nicht zum Militär. Viele kehrten aus Napoleons Kriegen nicht zurück. Allein aus der Umgebung von Neuss waren es 250 junge Männer.

Die rheinischen Notablen, Unternehmer, Kaufleute, Notare und Beamte arbeiteten in Freimaurerlogen, Lese- und Kasinogesellschaften und anderen Vereinigungen auch mit Franzosen zusammen. Die Gründer der Trierer „Gesellschaft für nützliche Forschungen" hatten nichts dagegen einzuwenden, „in politischer Hinsicht jetzt Franken" zu sein, wollten aber „Teutsche im Punkte Literatur bleiben".[204] Wahrscheinlich gab diese Äußerung des Historikers und Bibliothekars Wyttenbach die Haltung weiter Kreise der Bevölkerung wieder. Sie waren loyale Staatsbürger, auf die Napoleon sich verlassen konnte. Dies änderte jedoch nichts an ihrer sprachlichen und kulturellen Identität, die sie keineswegs zu Gunsten der französischen aufgeben wollten.[205]

Die französische Herrschaft brachte den Rheinländern die Befreiung von den Feudallasten, der ungleichen Besteuerung und kooperativen Bindungen wie den Zünften. Napoleon genoss trotz seiner zunehmend despotischen Herrschaft „bis zuletzt Respekt und Loyalität", denn er hatte die Freiheit der Religionsausübung wiederhergestellt, eine auf Wirtschaftsfreiheit und Rechtsgleichheit beruhende Gesellschaft von Bürgern, eine moderne Verwaltung und Gerichtsverfassung geschaffen. Die wichtigsten Errungenschaften der Revolution waren in fünf Codes fixiert: Bürgerliches Recht, Zivilprozessrecht, Handelsrecht, Strafprozessrecht und Strafrecht. Zum ersten Mal in seiner Geschichte besaß das Rheinland eine einheitliche Rechtsordnung und Gerichtsverfassung. Zum ersten Mal wurden die Freiheit der Person, des Rechtsverkehrs und des Eigentums, die Öffentlichkeit und Mündlichkeit von Prozessen, das Prinzip der Anklage, die freie Verteidigung und das Geschworenengericht durch Gesetze garantiert. Dies sicherte dem Rheinland einen „Modernitätsvorsprung" gegenüber vielen Gebieten des mitteleuropäischen Deutschland, vor allem gegenüber dem ostbelgischen Preußen.

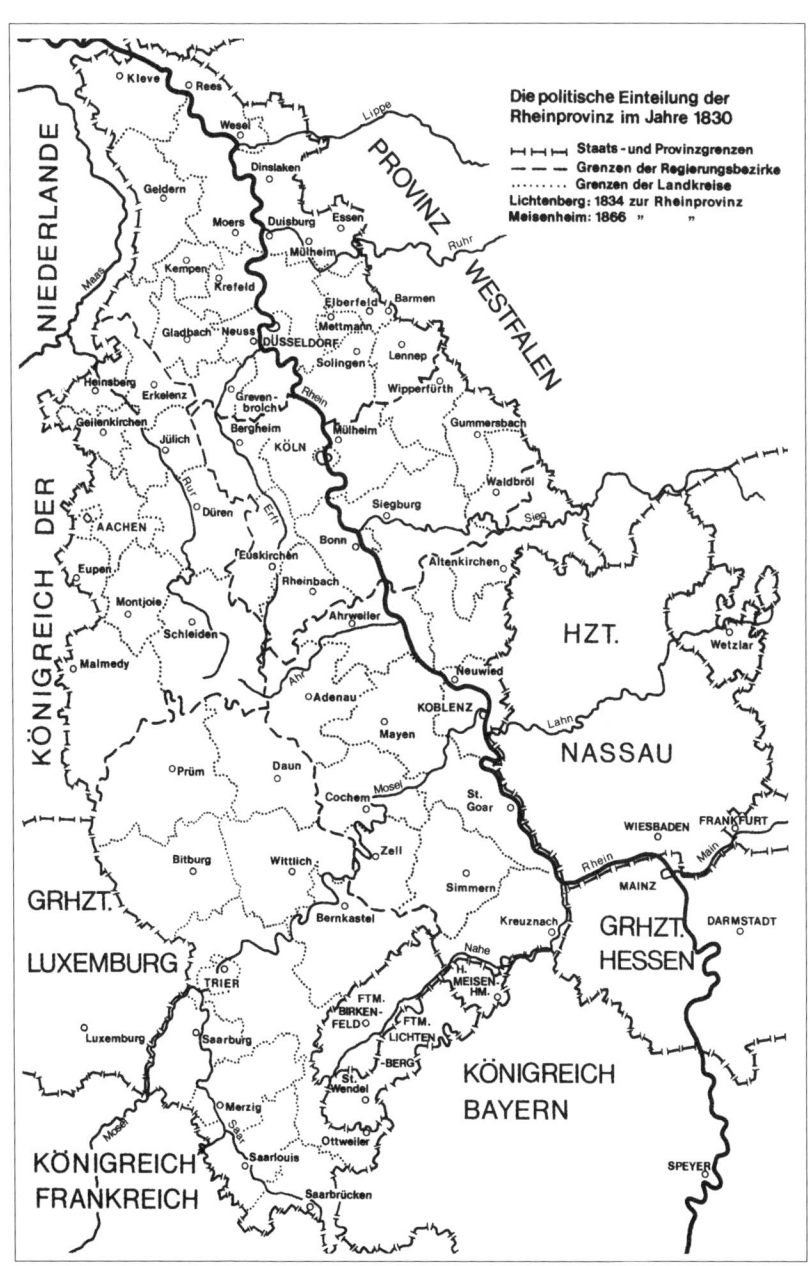

Die politische Einteilung der Rheinprovinz im Jahre 1830

Die Opposition gegen Preußen und Hitler

Zwischen 1815 und 1945 stießen Preußen und das Deutsche Reich auf eine Opposition, die mit Unterstützung aus der Bevölkerung sowie einiger Kreise der katholischen und evangelischen Kirche rechnen konnte. Ihr verdanken die Rheinländer viel: Sie hat das auf der Rheinprovinz lastende Regime soweit liberalisiert, dass die Rheinländer in dem ostdeutsch geprägten Staat ihre Identität wahren konnten. Bisher fehlt eine Gesamtdarstellung der Opposition. Fraglich ist, ob sie überhaupt geschrieben werden kann, da viele Quellen zerstreut oder vernichtet sind.[206]

Die 1820 geschaffene Rheinprovinz hatte in Preußen eine Sonderstellung. Dies zeigte sich in Wirtschaft und Gesellschaft ebenso wie in der Konfession. Preußen war ein protestantischer Staat mit einer katholischen Minderheit, während es sich im Rheinland genau umgekehrt verhielt. In Preußen galt das Allgemeine Landrecht, im Rheinland blieb das französische Recht in Kraft. Weil es die bürgerlichen Freiheiten garantierte, nahm es als Rheinisches Recht oder Rheinische Institution im Bewusstsein der Bevölkerung den Platz der vom König und der Bürokratie verweigerten Verfassung ein.

Fast ein Jahrhundert kämpften die Rheinländer um den Bestand ihrer Institutionen. Erst 1900 wurden die letzten Bestimmungen des Code Napoléon durch das bürgerliche Gesetzbuch ersetzt, während das Rheinische Notariat als einzige Institution bis heute erhalten blieb.[207]

Nach dem Rückzug Frankreichs entwickelte sich in der zu Bayern gehörenden Pfalz ein pfälzisches, in dem zu Hessen-Darmstadt gehörenden Gebiet ein rheinhessisches Bewusstsein, während sich das Rheinische auf die Bevölkerung der preußischen Rheinprovinz beschränkte. In dieser Zeit setzten sich die Begriffe „Rheinland" und „Rheinländer" durch.[208] Seit dem Ende des 19. Jahrhunderts konzentrieren sie sich auf den Raum nördlich des Hunsrücks, denn das Saargebiet gehört aufgrund seiner Geografie, Geschichte und Kultur zu Südwestdeutschland.

An Nieder- und Mittelrhein entwickelte sich auch jene „politische Erlebnis- und Bekenntnisgemeinschaft" die Karl Gustav Faber nachgewiesen hat. Es habe sich „um ein ‚Volk', wenn man es so will, um eine ‚Nation' im subjektiven Sinne gehandelt. Sie besaß, wie im folgenden zu zeigen ist, alle Eigenschaften, die für eine solche Gruppe kennzeichnend sind. Sie war eine Erlebnisgemeinschaft, weil sie sich auf das gemeinsame Erlebnis der französischen Herrschaft auf dem linken Rheinufer gründete. Sie war eine Bekenntnisgemeinschaft, weil sich die Rheinländer nach 1814 in der Auseinandersetzung um das institutionelle Erbe der französischen Herrschaft immer wieder zu jenem gemeinsamen Erlebnis bekannten." Sie war „eine spezifisch politische Gemeinschaft, weil sich das Erlebnis und Bekenntnis primär auf politische Sachverhalte bezogen."[209] Aus deutscher Sicht galt das Rheinland als Ausland. Politiker bezeichneten es als „Fremdkörper" im preußischen Staat. Ernst Moritz Arndt hielt es für ein „gefahrvolles Ehrengeschenk". Der Berliner Königshof sah im Rheinland „das wahre Unglück Preußens". Die Junker klagten, „es wäre für Preußen besser gewesen, auf den Erwerb dieser fremdartigen Provinzen" zu verzichten.[210] Treitschke fragte sich, „wie viel schwere Arbeit dereinst noch nötig sein würde, um diese halbverwelschten Krummstablande wieder einzufügen in das deutsche Leben".[211] Abschätzig sprach Bismarck von den „lokalen Interessen des alten Krummstablandes", das weder deutsch noch preußisch sein wollte. Mit „Blut und Eisen" sei es zu einem Teil Preußens und des Deutschen Reiches gemacht worden.[212] Die Vertreter der ostelbischen Grundbesitzer bezeichneten das Rheinland in einer Debatte der preußischen Zweiten Kammer als „die eroberten Provinzen" und warfen ihm mangelnden Patriotismus vor.[213] Für die preußisch-deutschen Eliten blieb es eine „Kolonie", die durch „militärische Herrschaft" gesichert werden musste.[214]

Polizei und Militär gingen rücksichtslos gegen die protestierende Bevölkerung vor. In Köln, wo es immer wieder zu Konflikten mit der Armee gekommen war, prügelten Soldaten die Teilnehmer einer Kirmes vom Platz, weil Jugendliche Spottlieder auf Preußen gesungen und Polizisten mit Steinen beworfen hatten. Fünf Menschen wurden schwer verletzt, ein Handwerker getötet, Häuser durchsucht, Unschuldige festgenommen und auf Polizeistationen misshandelt. Solche Übergriffe waren keine Ausnahme. Mit der Armee arbeitete die eigens geschaffene Geheimpolizei eng zusammen, die sogar den Provinziallandtag beobachtete.[215] Der von Sybel gegründete „Deutsche Verein für die Rheinprovinz" spionierte in den öffentlichen Verwaltungen und meldete „staatsfeindliches Verhalten von Beamten" nach Berlin.[216]

Diese Spitzel und die Zensur der Presse schränkten öffentliche Meinungsäußerungen erheblich ein. Der preußische Innenminister wies die Regierungspräsidenten an, gegen Zeitungen in Aachen, Düsseldorf, Koblenz und Trier vorzugehen, welche die „vom Gesetz zugebilligten Freiräume zu systematische(m) Widerstand" gegen Preußen nutzten: „Ein solches System der Opposition gibt sich in vielen Dingen kund, die anscheinend weniger erheblicher Natur sind, dem aufmerksamen Beobachter aber nicht entgehen können." Der von Preußen eingesetzte Oberpräsident der Rheinprovinz bedauerte, dass sich nur wenige Rheinländer als Zensoren zur Verfügung stellen wollten. Ein Zensor ergänzte, „dem Rheinländer ist ... jede Beschränkung der öffentlichen Meinung zuwider; die Zensur erscheint ihm als Druck".[217] Nach der Gründung des Deutschen Reiches 1871 begann Bismarck seinen Kulturkampf gegen die katholische Kirche. Geistliche durften an öffentlichen Schulen keinen Religionsunterricht erteilen, alle nicht in der Krankenpflege tätigen Orden wurden verboten, Pfarrer an der Ausübung ihres Berufes gehindert, die Bischöfe von Köln und Trier verhaftet, später ins Exil gezwungen. Da immer mehr Geistliche ausgewiesen wurden, verwaisten viele Pfarreien. Die Diözesen konnten nur noch aus Belgien und den Niederlanden geleitet werden.[218]

Trotz seiner repressiven Politik hatte das preußische Regime im Rheinland nicht nur Gegner. Ein Teil der Gesellschaft, vor allem Kreise der Oberschicht, arbeiteten mit den landfremden Machthabern enger zusammen, als für die Wahrung ihrer Interessen erforderlich gewesen wäre. Der rheinisch-westfälische Handels- und Gewerbeverein erklärte 1866: „Die Einigung Deutschlands halten wir für ein in ideeller und materieller Hinsicht so erstrebenswertes Gut, dass wir für dieselbe eine despotische Regierung in Kauf nehmen würden."[219] Oberbürgermeister Konrad Adenauer warf Kölner Kommunalpolitikern vor, sie hätten sich „nicht sehr energisch gewehrt", weil sie „zu regierungstreu gewesen" seien. „Die maßgebenden wirtschaftlichen Kreise Kölns der damaligen Zeit ließen auch, ohne Widerstand zu leisten, zu", dass die früher selbstständigen, auch für das Ruhrgebiet wichtigen Kölner Banken „immer mehr in die Abhängigkeit von Berliner Banken" gerieten.[220]

Von Preußen grenzten sich die Rheinländer ebenso ab wie von Frankreich. Beiden warfen sie vor, ihnen ihre Kultur und ihre nationalistische Ideologie aufzunötigen. In seinem „Lied der Rheinländer" schrieb Lehne: „Franzosenthum ist uns verhasst. / Doch euer -thum nicht minder. / Sie wachsen auf dem gleichen Ast, / sind gleichen Geistes Kinder." Der aus Düsseldorf stammende Franz Freiherr von Lamezan forderte im Sommer 1814 einen unabhängigen rheinischen Staat. Ein Publizist schrieb: „Der Rheinländer hat ein anderes Leben geführt, als die meisten übrigen Deutschen; er hat sich in Formen bewegt, mit denen er vertraut geworden ist ... Man lasse uns unser eigenes Leben, unsere Art, zu sein und uns auszusprechen, wie man uns unseren Himmel, unseren Boden und unsere Vergangenheit lassen muss". Die Quellen enthalten weitere Belege für den Wunsch nach Unabhängigkeit.

1817 verwies ein unbekannter Journalist auf das universale Denken der Rheinländer, das sie von den Preußen ebenso unterscheide wie von den Franzosen: „Die Rheinländer, von den Franzosen als Allemands, von manchen Deutschen als Stiefbrüder behandelt, kennen nur eine wahre Kultur, diejenige, welche den Menschen und das Rechte achtet". Preußen galt als

Besatzungsmacht: „Und dann kamen die Sprachreiniger aus dem Norden, um uns deutschtümlich zu entwelschen ... Aber die Rheinländer, verstockt und eigensinnig, wie sie sind, wollten das Ding nicht recht verstehen und die roten Mützen und schwarzen Barette nicht eilfertig preisen, ohne zuvor zu wissen, ob auch etwas unter ihnen steckt."[221]

Was sie entdeckten, trieb sie in die Opposition. Zu ihren führenden Köpfen gehörten Joseph Görres, Heinrich Heine, Gottfried Kinkel, Andreas Gottschalk, Franz Raveau, Moses Hess, Friedrich Engels, Karl Marx, Ferdinand Lasalle und andere Schriftsteller, Publizisten und Politiker, von denen viele in die innere Emigration oder ins Exil getrieben wurden. Verbotene Zeitschriften der antipreußischen Opposition wurden aus Belgien und den Niederlanden in das Rheinland geschmuggelt. Sie waren vor allem in Köln verbreitet.

Geheimagenten und Beamte berichteten über „ein gewisses Misstrauen gegen alles, was von Berlin kommt". Die „Wurzel allen Übels hier ist der Mangel an Vertrauen". Jede Maßnahme der Regierung stoße auf „Abgunst und Vorurteile", während „der Opposition ... besonderer Beifall gespendet" und darin „ein Beweis patriotischen Mutes" gesehen werde. „In diesem Sinne ist der hiesige Geist keineswegs ein loyaler zu nennen." In einem Flugblatt forderte der Kölner Demokrat K. Heinzen seine Landsleute auf, die preußischen „Despoten und ihre Knechte wieder aus dem Lande zu jagen und ... das republikanische Banner" auf dem Dom zu hissen. Er schloss mit dem Ruf: „Es lebe die Freiheit! Es lebe die Republik! Nieder mit dem Berlinertum!"[222]

In einem Gedicht bezeichnete Heinrich Heine den Preußenadler als Symbol der Fremdherrschaft.

Zu Aachen auf dem Posthausschild,
Sah ich den Vogel wieder,
Der mir so tief verhasst! Voll Gift
Schaute er auf mich nieder.

Du hässlicher Vogel, wirst du einst
Mir in die Hände fallen,
So rupfe ich dir die Federn aus
Und hacke dir ab die Krallen.

Du sollst mir dann, in luft'ger Höh',
Auf einer Stange sitzen
Und ich rufe zum lustigen Schießen
Herbei die rheinischen Vogelschützen.

> *Wer mir den Vogel herunterschießt*
> *Mit Zepter und Krone belehn ich*
> *Den wackern Mann! Wir blasen Tusch*
> *Und rufen: „Es lebe der König!"*[223]

1843 beschloss der rheinische Provinziallandtag eine Resolution gegen das die Juden diskriminierende preußische Dekret von 1818. Zum ersten Mal hatte ein Parlament in Deutschland ohne Vorbehalt und mit großer Mehrheit die unbeschränkte staatsbürgerliche Gleichheit der Juden, also deren „politische Emanzipation" gefordert. Im Rheinland löste der Beschluss eine „Woge der Zustimmung und Begeisterung" aus, stellte Dieter Kastner fest.[224] Und doch gab es bei einem Teil des katholischen Klerus, der katholischen Politiker und der Bevölkerung Vorurteile gegenüber der jüdischen Religion. Dies beeinträchtigte jedoch die Integration der Juden in die rheinische Gesellschaft nicht. So fanden die Nationalsozialisten bis 1933 im Rheinland keinen Verleger für ihre antisemitischen Hetzschriften. Obwohl sogar rheinische Nationalsozialisten noch 1938 Vorbehalte gegen die Rassenideologie hatten, wurden die Juden ebenso hart verfolgt wie im übrigen Reich. Der an ihnen begangene Massenmord und die Zerstörung ihrer Kultur bleiben ein unersetzlicher Verlust, zumal die Geschichte der rheinischen Juden bis in die Antike zurückreicht. Jüdische Philosophen und Schriftsteller wie Moses Hess, Heinrich Heine, Karl Marx, Hans Mayer und Ernst Bloch haben entscheidend dazu beigetragen, die Idee der Freiheit im Rheinland zu stärken und weiterzuentwickeln.[225]

Die Revolution von 1848 war im Rheinland auch ein Aufstand gegen Preußen. An ihn erinnerte Karl Heinz Bodensiek aus Anlass des sowjetischen Überfalls auf die Tschechoslowakei am 20. August 1968. Vor 120 Jahren habe das Rheinland eine ähnliche Entwicklung erlebt. Mit Zustimmung von weiten Kreisen der Bevölkerung kämpften Arbeiter, Studenten, Professoren, Schriftsteller und Journalisten für die in der französischen Revolution errungenen Freiheiten. Im gesamten Rheinland formierten sich Bürger zu Kampfgruppen, darunter Liberale, Sozialisten und Republikaner. Die preußische Armee schlug den Aufstand blutig nieder. „In der großen Politik wurden ihre Ideale für 70 Jahre auf Eis gelegt. Unvergessen aber blieb, dass es die geistige Elite gerade im Rheinland war, die dem Rad der Weltgeschichte beschleunigend in die Speichen greifen wollte."[226]

Auch nach der Revolution kam es immer wieder zu Protesten gegen Preußen, vor allem während des Kulturkampfes. An ihnen beteiligten sich außer der katholischen auch Kreise der evangelischen Kirche, die seit Jahrzehnten versuchte, sich von der staatlichen Kontrolle zu befreien.[227] Ab 1842 wurde der Kölner Dom weitergebaut, 1880 vollendet. Die Kosten bestritten die Stadt, der Dombauverein und private Spender aus dem gesamten Rheinland. Preußen beteiligte sich mit etwa 32 %. Dafür wurde die Kathedrale als preußisch-deutsches Nationaldenkmal missbraucht. Die von den Besatzern inszenierte Feier zu ihrer Vollendung sollte den Rheinländern zeigen, wer in ihrem Land das Sagen hatte. Die anwesenden Zuschauer protestierten: Sie sangen weder, wie in Köln üblich, das Tedeum mit noch den Choral von Leuthen „Nun danket alle Gott", mit dem die Soldaten Friedrichs II. 1756 Preußens Sieg über das katholische Österreich gefeiert hatten.[228]

Die Äußerungen von Politikern und Publizisten beweisen, dass Preußen sich als Besatzungsmacht verstand. Von 1815 bis 1918 versuchte es, die unterworfenen Rheinländer zu deutschen Nationalisten zu erziehen, indem es ihnen sein autoritäres Regime aufzwang und seine Ideologie aufnötigte. Die preußisch beeinflusste Geschichtsschreibung, Kriegervereine, angepasste Schützenbruderschaften und Karnevalsvereine, patriotische Kundgebungen mit Lobeshymnen auf die Obrigkeit, die bauliche Gestaltung rheinischer Städte nach preußischen Vorbild, die Integration von Schule, Verwaltung und Wirtschaft in das preußische System erweckten den Eindruck, ein freiheitsliebendes Volk habe sich auf Dauer in gehorsame Untertanen verwandelt.

Mit dem Ende des Kaiserreiches zeigte sich jedoch die „Brüchigkeit dieser scheinbaren Harmonie zwischen Preußen und dem Rheinland", stellte Jörg Engelbrecht fest.[229] Am 9. November 1918, als in Berlin der Kaiser gestürzt und die Republik ausgerufen wurde, versammelten sich bei Adenauer Politiker des Zentrums, um über die Gründung eines rheinischen Staates zu beraten. Einige Tage später besetzten alliierte Streitkräfte das linke Rheinufer. Die Rechtsgrundlage bildeten das Waffenstillstandsabkommen vom 11. November 1918 und einige Monate danach der Friedensvertrag vom 28. Juni 1919.[230]

Am 27. Mai 1919 erstellte Adenauer ein Memorandum, das er am Tag darauf über alliierte Offiziere dem französischen Präsidenten der interalliierten Rheinlandkommission, Tirard, übermittelte. Preußen habe Deutschland beherrscht und ihm seine Geisteshaltung aufgezwungen, schrieb Adenauer. „Bis jetzt ist Preußen durchaus maßgebend für die deutsche Politik. In Preußen selbst sind seine westlichen Landesteile ziemlich einflusslos. Maßgebend ist seine östliche Gebietshälfte und namentlich Berlin; dieser östlichen Gebietshälfte Preußens ist die Mentalität westlicher Demokratien fremd und unbekannt. Die Revolution hat an diesen Verhältnissen wenig geändert."[231] Quellen beweisen, dass viele Parteien, Organisationen und Vereine eine rheinische, rheinisch-westfälische oder westdeutsche Republik wollten.[232] Diese sollte unter zwei Bedingungen zum

Deutschen Reich gehören: Berlin durfte nicht länger Hauptstadt bleiben, und das Reich musste auf föderativer Grundlage neu organisiert werden, was die Auflösung voraussetzte. Eine Anlehnung an Frankreich lehnten fast alle ab, denn dies bedeutete aus ihrer Sicht die Ablösung der preußischen durch eine französische Besatzungsmacht. Dagegen kämpfte eine Minderheit mit Gewalt für eine Trennung des Rheinlandes vom Reich. Ein Teil der rheinischen Bevölkerung verhielt sich wohlwollend, ein anderer bekämpfte diese Bestrebungen ebenfalls mit Gewalt. Die Mehrheit wartete ab.

Adenauer lehnte das gewaltsame Vorgehen ebenso entschieden ab wie die Politik der preußischen und der Reichsregierung. Reichskanzler Stresemann hielt er vor: „Wenn die Regierung öffentlich in der Presse erklären lässt, dass sie das besetzte Gebiet schlechter zu behandeln gedenke als das unbesetzte, so liefert sie damit den Separatisten scharfe Waffen. Wir müssen infolgedessen im besetzten Gebiet selber Mittel und Wege suchen, uns zu helfen." Der einzige Ausweg seien Verhandlungen mit Frankreich über ein neues „Rechtsgebilde" für das Rheinland. „Äußerstenfalls muss auch die Loslösung vom Reich in Erwägung gezogen werden ..." Die alliierte Rheinlandkommission müsse „beseitigt" werden, damit das besetzte Gebiet sich selbst verwalten kann. Eine Genehmigung für die Verhandlungen der rheinischen Politiker mit der Besatzung wollte die Reichsregierung aber nicht erteilen.[233]

Am 20. und 24. Oktober 1919 erklärte Stresemann, das Reich werde die Zahlungen an das besetzte Rheinland einstellen. Reichsfinanzminister Luther führte die neue Währung nur im unbesetzten Gebiet ein. Das Rheinland musste sich noch mehrere Monate mit kommunalem Notgeld begnügen. Danach wurden sämtliche Zahlungen an die rheinischen Arbeitslosen gestrichen. Der preußische Ministerpräsident Otto Braun wollte das Rheinland „gewissermaßen seinem Schicksal überlassen".[234] Reichsinnenminister Karl Jarres fand Unterstützung für den Vorschlag, es „versacken" zu lassen.[235]

In der Weimarer Republik zählten die Rheinländer zu den Anhängern der Demokratie. Bei allen Wahlen in der Rheinprovinz lag der Stimmenanteil der NSDAP erheblich unter dem Reichsdurchschnitt. Der Nationalsozialismus und der deutsche Nationalismus waren keine rheinischen Erfindungen.[236] Bei der Reichstagswahl am 31. Juli 1932 erhielten die demokratischen Parteien im Rheinland insgesamt 50,4 %, die totalitäre NSDAP und KPD insgesamt 44,9 %, die DNVP 4,7 % der Stimmen. Die letzte freie Wahl am 6. November 1932 hatte ein nur wenig verändertes Ergebnis. Auf die demokratischen Parteien entfielen 50,4 %, auf NSDAP und KPD 43,6 %, auf die DNVP 6,0 %.

Reichstagswahlen vom 6.11.1932 im Rheinland.[237]

Wahlberechtigte	4.168.658
Wähler	3.280.763 = 78,7 %
Gültige Stimmen	3.243.857
SPD	375.746 = 11,6 %
Zentrum	1.120.66 = 34,5 %
DNVP	193.804 = 6,0 %
DVP	69.176 = 2,1 %
Deutsche Staatspartei	8.853 = 0,3 %
KPD	653.179 = 20,1 %
NSDAP	762.846 = 23,5 %
Reichspartei des deutschen Mittelstandes	11.635 = 0,4 %
Deutsches Landvolk	3.442 = 0,1 %
Christlich-Sozialer Volksdienst	21.270 = 0,7 %
Sonstige	23.245 = 0,7 %

Die autoritäre, antirepublikanische DNVP arbeitete trotz ihrer radikalen Parolen in mehreren Kommunalparlamenten mit den demokratischen Parteien zusammen. Im Provinziallandtag bildete sie eine Arbeitsgemeinschaft mit den Liberalen. Dort verfügten die Demokraten über 136 (83 %) der 163 Sitze, NSDAP und KPD nur über 27 (17 %).[238]

Mit dieser demokratischen Mehrheit unterschied sich das Rheinland von seinen Nachbarn im Osten und Süden. In Westfalen/Ruhrgebiet erreichten die demokratischen Parteien am 31. Juli 1932 nur 47,2 %. NSDAP und KPD übertrafen sie geringfügig mit 47,6 %. Die DNVP kam auf 5,2 %. Bei der Wahl am 6. November erhielten die demokratischen Kräfte mit 48,4 % zwar die meisten Stimmen vor NSDAP und KPD mit 44,7 %, verfehlten aber die absolute Mehrheit. In den drei übrigen Nachbarländern setzten sich die totalitären Kräfte in beiden Wahlen durch. Am 31. Juli stimmten in Hessen-Nassau 54,1 % für NSDAP und KPD, 41,8 % für demokratische Parteien. In Hessen-Darmstadt erhielten NSDAP und KPD 53,3 %, die demokratischen Parteien 44,8 %. In der Pfalz entfielen auf NSDAP und KPD 54,4 %, auf die demokratischen Parteien 44,5 %. Die Wahlen am 6. November 1932 änderten die Kräfteverhältnisse kaum. In Hessen-Nassau stimmten 54,7 % für NSDAP und KPD, 40,3 % für demokratische Parteien. In Hessen-Darmstadt erhielten die KPD und NSDAP 53,9 %, die demokratischen Parteien 43,1 %. In der Pfalz entfielen auf NSDAP und KPD 58,7 %, auf die demokratischen Parteien 39,5 %.

Trotz demokratischer Mehrheiten in Bayern und dem heutigen Baden-Württemberg stimmten am 31. Juli 1932 im nicht rheinischen Deutschland 52,3 % für NSDAP und KPD, 41,7 % für demokratische Parteien, 6,0 % für die DNVP. Am 6. November erhielten NSDAP und KPD 50,5 %, die demokratischen Parteien 40,9 %, die DNVP 8,6 %.[239] Am 30. Januar 1933 ernannte Reichspräsident von Hindenburg Adolf Hitler zum Reichskanzler. Am folgenden Tag beantragte dieser die Auflösung des Reichstages, die der Präsident am 1. Februar verfügte. Die Wahl wurde auf den 5. März 1933 festgesetzt. Am 28. Februar 1933 wurden Notverordnungen erlassen, welche die demokratische Verfassung durch den „permanenten Ausnahmezustand" ersetzten. Sie bedeuteten „das Ende der Freiheit und den Rückfall in die Barbarei, die Aufgabe aller Rechte, die sich der Bürger im modernen Staat seit Beginn der Verfassungsbewegung errungen hatte", stellte Karl-Dietrich Bracher fest. Die Notverordnungen bildeten auch die Rechtsbasis für die Unterdrückung der Opposition in der Schlussphase des Wahlkampfes. Mit Presse- und Versammlungsverbot, Straßen- und Polizeiterror, Bedrohung und staatlich unterstützter Propaganda wurden die Gegner niedergehalten. Dies traf besonders KPD und SPD, deren führende Funktionäre verleumdet, verfolgt und verhaftet wurden.

Deshalb können die Wahlen vom 5. März 1933 nicht „in die Kontinuität der Weimarer Wahlentscheidungen" eingeordnet werden. Nach den Worten des NS-Propagandaleiters Joseph Göbbels sollte sich das Volk durch die Wahl „in einem noch nie dagewesenen Massenbekenntnis für die jetzige Regierung, für ihre Männer und ihre Taten entscheiden".[240] Damit war klar, dass jeder, der nicht die NSDAP oder ihre im „Kampfbund Schwarz-Weiß-Rot" zusammengeschlossenen Verbündeten wählte, gegen Hitlers Diktatur stimmte. Im Rheinland taten dies 58,1 % der Wählerinnen und Wähler. Nur 41,9 % stimmten für die Regierung. Die Wahlbeteiligung betrug 87,4 %. Dagegen entfielen im nicht rheinischen Deutschland 52,9 % der Stimmen auf die Regierung Hitler. 47,1 % stimmten gegen sie.[241]

Trotz des Votums gegen die Diktatur wurden viele Rheinländer von den Nationalsozialisten verführt.[242] Ein Teil der Bevölkerung gehörte selbst zu den Verführern und diente freiwillig dem Diktator. Zu ihr zählten Propagandaminister Joseph Göbbels, Arbeitsminister Robert Ley, Verkehrsminister Julius Dorpmüller, die Gauleiter Friedrich Karl Florian, Josef Grohé, Erich Koch, Gustav Simon und Willy Stöhr, der Inspekteur der Konzentrationslager, Richard Glücks, und der Gestapo-Leiter von Lyon, Klaus Barbie. Von den 481 wichtigsten Personen des NS-Regimes stammten 25 (5,2 %) aus dem Rheinland oder arbeiteten und lebten dort. Viele Menschen legten aus Furcht vor Denunziation und Repressalien Lippenbekenntnisse zu einem Regime ab, das sie ablehnten.

Auch in kleinen Wallfahrtsorten manifestierte sich die Opposition gegen die NS-Diktatur. Das Foto zeigt den Aachener Weihbischof Hermann-Josef Sträter während seiner Predigt in der überfüllten Pfarrkirche von Arnoldsweiler am 19. Juli 1936, dem Schlusssonntag der Jubiläumsoktav anlässlich der päpstlichen Anerkennung der Arnoldusverehrung 1886. Allein an den Gottesdiensten dieses Tages nahmen über 2.000 Pilger teil.

GESTALTENDE KRÄFTE

Ein Teil der Bevölkerung leistete aktiven oder passiven Widerstand. Von den 82 Gegnern der Diktatur, die zur führenden Elite der deutschen Gesellschaft gehörten, kamen 12 (14,6 %) aus dem Rheinland. Am bekanntesten waren die demokratischen Politiker Konrad Adenauer, Rudolf Breitscheid und Adolf Reichwein, der evangelische Theologe Heinrich Gruber und der Springreiter Harald Momm.[243] Zur Opposition zählten auch viele lokal und regional bekannte Gegner des Regimes wie der Kölner Erzbischof Josef Kardinal Frings, die Gewerkschafter Nikolaus Groß und Bernhard Letterhaus, die Priester Karl Leisner und Otto Müller, die vom jüdischen zum katholischen Glauben konvertierte Philosophin und Kölner Karmeliterin Edith Stein sowie der Dom- und spätere Generalvikar des Erzbistums Köln, Josef Teusch. Zu Demonstrationen für die verfolgte Kirche wurden Prozessionen und Wallfahrten, an denen Tausende, darunter auch nicht katholische Gegner der Diktatur teilnahmen. Beispiele dafür sind die jährlichen Pilgerfahrten nach Kevelaer, Klausen und Neviges, die Aachener Heiligtumsfahrt 1937 und im lokalen Bereich die Arnoldusoktav 1936 in Arnoldsweiler. Die 1934 in Barmen von evangelischen Pfarren gegründete Bekennende Kirche widersetzte sich den Versuchen der Machthaber, die christliche Lehre für ihre Ideologie zu missbrauchen.[244]

Im Unterschied zu den von der NS-Diktatur besetzten westlichen Nachbarländern war der rheinische Widerstand zwar nicht landesweit organisiert, erzielte aber im lokalen und regionalen Bereich durchaus beachtliche Erfolge.[245] Die große Mehrheit wollte überleben, passte sich mehr oder weniger an und vertraute darauf, dass die Diktatur bald verschwinden werde.

Die preußische Herrschaft von 1815 bis 1918 war für das Rheinland fatal. Sogar der ihr wohlgesinnte Joseph Hansen räumte ein, dass Preußen den Rheinländern „Freiheit" und „Selbstbestimmung" verweigerte.[246] Dessen Politik konnten sie ebenso wenig beeinflussen wie diejenige des Deutschen Reiches, denn sie waren von der politischen Teilhabe ausgeschlossen.[247] Auch den Untergang der Weimarer Republik und die NS-Diktatur konnten sie nicht verhindern. Rückblickend sahen viele sie als die entsetzliche Steigerung der von Berlin ausgegangenen Fremdherrschaft. Tatsächlich hatten sich die Nationalsozialisten öffentlich als die wahren Erben Preußens bezeichnet, was ihnen der gestürzte Kaiser Wilhelm II. in einem Brief an Hitler bescheinigte.[248] Diktatur und Krieg hinterließen in der Bevölkerung ein Trauma, bei den Opfern ebenso wie bei denen, die Verwandte, Freunde oder ihr gesamtes Eigentum verloren hatten. Ein Teil der Rheinländer war bis 1918 in die Machenschaften eines autoritären Polizeistaates verstrickt, ein anderer zwischen 1933 und 1945 in die Ver-

Die Opposition gegen Preußen und Hitler

Links und unten: Die Krypta des Doms St. Viktor in Xanten ist die bekannteste Gedenkstätte für die Opfer des Naionalsozialismus im Rheinland. In der Nähe des Märtyrergrabes aus dem 4. Jahrhundert sind drei rheinische Blutzeugen bestattet. Die Westwand enthält drei mit Asche gefüllte Urnen aus den Konzentrationslagern Auschwitz, Bergen-Belsen und Dachau sowie eine vierte unbezeichnete.

Weitere Beispiele für Gedenkstätten sind der Gestapokeller im EL-DE-Haus in Köln und das ehemalige Konzentrationslager Hinzert im Hunsrück. Dort waren von 1940 bis 1945 zwischen 200 und 1000 (insgesamt 15.000) Menschen aus den vom Deutschen Reich besetzten Ländern eingesperrt, unter ihnen 1500 Widerstandskämpfer aus Luxemburg.

brechen einer totalitären Diktatur. Auch das hinterließ Erinnerungen, vor denen sich viele durch Verdrängen zu schützen suchten.

Die Nationalsozialisten und ihre Handlanger schufen jene „Kultur des Todes", von der Papst Johannes Paul II. gesprochen hat. Sie wiesen „das Licht des Lebens" zurück und gaben „den fruchtlosen Werken der Finsternis" den Vorzug. Diese führen zu Ungerechtigkeit, Diskriminierung,

Ausbeutung, Betrug und Gewalttaten. In jedem Zeitalter zeigt der Tod unschuldiger Menschen, wie weit die Werke der Dunkelheit offenbar gediehen sind."
Schon unter dem preußischen Regime des 18. Jahrhunderts wurden schwere Verbrechen gegen die Menschlichkeit begangen. Das Gleiche gilt für die von Bismarck und seinen Nachfolgern angezettelten Kriege. Die Verbrechen der Nationalsozialisten übertrafen alle vorherigen.[248a] Dass die Möglichkeiten, andere Wege zu gehen, nicht genutzt wurden, war ein Unglück für Deutschland uns seine Nachbarn.

DIE BONNER REPUBLIK

Die Politik Konrad Adenauers

Nach der Kapitulation des Deutschen Reiches am 8. Mai 1945 spielte Preußen im Rheinland keine Rolle mehr. Seine Auflösung durch die vier Besatzungsmächte im Jahre 1947 wurde – wenn überhaupt – mit gewisser Erleichterung zur Kenntnis genommen. Der Wiederaufbau des zerstörten Landes war wichtiger als sinnlose Diskussionen über die mögliche Rekonstruktion eines Staates, den die Rheinländer nie als den ihren betrachtet hatten.

In Koblenz, der ehemaligen Residenz der Kurfürsten von Trier, empfahlen die Ministerpräsidenten der Länder auf einem Konvent vom 8. bis 10. Juli 1948 die Einberufung eines Parlamentarischen Rates. Beteiligt hatten sich nur die Regierungschefs aus der amerikanischen, britischen und französischen Zone, denn ihre Kollegen aus der sowjetischen Zone nahmen seit 1947 nicht mehr an den gemeinsamen Konferenzen teil. Der Parlamentarische Rat erhielt den Auftrag, ein Grundgesetz zu beschließen. Ab dem 1. September 1948 tagte er unter Vorsitz von Konrad Adenauer in Bonn, der früheren Residenz der Kurfürsten von Köln. Bereits am 8. Mai 1949 verabschiedete er das Grundgesetz, das nach Zustimmung der Landtage – mit Ausnahme des bayrischen – am 23. Mai desselben Jahres durch Präsident Adenauer verkündet wurde.[249]

Wenige Tage zuvor, am 10. Mai, hatte der Parlamentarische Rat Bonn zum vorläufigen Sitz der Bundesorgane bestimmt. Der erste Deutsche Bundestag bekannte sich am 30. September 1949 zu Berlin als Hauptstadt Deutschlands und beschloss, die „leitenden Bundesorgane" nach dort zu verlegen, sobald in der auf Befehl der sowjetischen Besatzungsmacht gegründeten DDR freie Wahlen stattgefunden hatten.[250] Den Antrag der SPD-Fraktion, Parlament und Regierung nach Frankfurt zu verlegen, lehnte er am 3. November 1949 in geheimer Abstimmung mit 200 gegen 176 Stimmen ab. Bonn blieb vorläufige Bundeshauptstadt. Erst am 18. Januar 1973 erkannte Bundeskanzler Willy Brandt (SPD) Bonn als Hauptstadt an. Seine Nachfolger Helmut Schmidt (SPD) und Helmut Kohl (CDU) bestätigten dies. 1975 schlossen der Bund und das Land Nordrhein-Westfalen mit der Stadt eine „Vereinbarung über den weiteren Ausbau Bonns als Bundeshauptstadt",[251] 1980 eine zweite „im Hinblick auf die Aufgaben der Stadt Bonn als Bundeshauptstadt". Indem der Bundestag die Erklärungen der Bundeskanzler billigte und die in den Vereinbarungen vorgesehene finanzielle Unterstützung bewilligte, schuf er neue Fakten. Dadurch revidierte er gleichsam seinen Beschluss von 1949.

Für die Rheinländer wurde Bonn nicht nur zum Synonym eines demokratischen, eng mit Westeuropa verbundenen Deutschland, sondern auch zum Symbol der Abkehr von Preußen, dem Deutschen Reich und der NS-Diktatur. Deshalb war die Bonner Republik seit 1815 der erste deutsche Staat, den sie ohne Vorbehalt als den ihren betrachteten.

Jetzt setzten sich jene Ideen durch, für die rheinische Demokraten fast 130 Jahre lang gekämpft hatten: Die Achtung des Naturrechts und der Menschenrechte als Fundament eines demokratischen Staates, die enge wirtschaftliche und politische Zusammenarbeit mit den westlichen Nachbarn des Rheinlandes, die von Preußen und dem Deutschen Reich abgebrochen worden war. Der erste deutsche Bundeskanzler Konrad Adenauer, in der Weimarer Republik selbst ein führender Politiker der rheinischen Opposition, integrierte die Bundesrepublik in das Bündnissystem der westlichen Welt und in die Europäischen Gemeinschaften, aus denen sich die Europäische Union entwickelt hat. Vierzehn Jahre vertrat er die deutschen Interessen, ohne die rheinischen aus den Augen zu verlieren.

Wie kein anderer Bundespolitiker nach ihm verkörperte er den rheinischen Einfluss auf die politische Kultur der Bonner Republik. Adenauer bezeichnete sich als einen „katholisch denkenden, nach Westeuropa zu orientierten Menschen",[252] der „weder frankophil noch frankophob, weder anglophil noch anglophob, wohl aber germanophil" sei.[253] Mehrfach bekannte er sich zum Rheinland, so in seiner Dankesrede zur Verleihung des Ehrenbürgerrechtes der Stadt Köln im Jahre 1951: „Was ich bin ... das ist gewachsen auf diesem Boden und geformt worden von dieser Umgebung und in dieser Atmosphäre."[254]

Oft wies er auf die Bedeutung des Christentums, gelegentlich auch der Antike hin. Sie bildeten nicht nur die Fundamente der rheinischen Zivilisation, sondern hatten auch für seine Politik grundlegende Bedeutung. „Die menschliche Person hat eine ihr von Gott verliehene Würde, und der Wert jedes einzelnen Menschen ist unersetzlich", erklärte er am 7. April 1946 in Bonn. Dem Journalisten Will McBride sagte er in einem Interview für die Zeitschrift „Twen": „Die allgemeinen Gebote des Christentums sind ja im Grunde genommen Erfahrungen, die durch die Jahrhunderte hindurch gereift sind. Wenn man sich im Großen und Ganzen an diese Erfahrungen, die der menschlichen Natur entsprechen, hält, kommt man am weitesten. Alle diese Gebote und diese Lehren der christlichen Kirche – das ist ein altes, durch Erfahrungen aufgespeichertes Gut."

Daraus ergaben sich für ihn politische Konsequenzen: Das Zusammenleben der Menschen in einer Gesellschaft muss sich nach Normen richten, die auf den zehn Geboten beruhen. Drei Jahre vor seinem Tod warnte er auf dem 12. Bundesparteitag der CDU in Hannover: „Wenn man das

Bestehen solcher Normen nicht anerkennt, dann gleitet ein Volk abwärts in Diktatur und Gewalt. In einer Zeit wir der unsrigen, die Veränderungen und Entwicklungen jeder Art, zum Guten und zum Schlechten, in rasendem Tempo bringt, braucht jeder einzelne feste, unabdingbare Normen für sein Leben, damit er Herr seiner selbst bleibt und nicht abgleitet."

Wie in allen Zivilisationen Europas, die auf dem Gebiet des Imperium Romanum entstanden sind, verbinden sich auch in der rheinischen Christentum und antikes Erbe eng miteinander. So bezeichnete Adenauer seine Auffassung vom Menschen und von der Welt als „christlich humanistische Weltanschauung" oder als „abendländisches Christentum". Als antikes Erbe betrachtete er folgende Elemente: „Das Recht des Individuums, die Würde des Menschen, das Verständnis für den Kosmos im Sinne einer geistig erfüllten Ordnung, die angstvolle Scheu vor dem Chaos, die Vertrautheit mit dem Kairos – das Notwendige zur rechten Zeit zu tun, auf die richtige Stunde warten zu können, diese dann aber auch richtig zu ergreifen – sind Ideen, die mir so vermittelt wurden und denen ich sehr Wesentliches meiner Ausprägung verdanke."[255]

Adenauer hatte eine klare Rangordnung der Werte. An erster Stelle stand die Freiheit der Person. Nicht das öffentliche Wohl wie für Bismarck oder die Nation wie für de Gaulle, kein beliebig veränderbares Staatsinteresse war die Richtlinie seiner Politik, sondern die Freiheit des Einzelnen. In ihr sah er das „höchste sittliche Gut des Menschen, denn nur die Freiheit gestattet es dem Menschen, die ihm von Gott verliehenen Anlagen und Kräfte zum Besten aller und zu seinem eigenen Besten voll zu entwickeln und zu gebrauchen". Nach seiner Überzeugung war diese Freiheit nur in Verbindung mit dem Frieden, dem Recht und der Demokratie gewährleistet.[256]

Die Freiheit des Einzelnen beruht auf der Grundlage des Rechts. Der Staat darf nicht willkürlich den Rahmen für die Freiheit setzen, denn seine Macht ist durch das Naturrecht begrenzt. Deshalb verlangt Adenauer, dass die Gesetze „tief im Naturrecht" verwurzelt sind. Auch in den internationalen Beziehungen muss das Naturrecht geachtet werden, vor allem das Selbstbestimmungsrecht der Völker.[257]

Mit Freiheit und Recht untrennbar verbunden ist die Demokratie. „Demokratie ist mehr als eine parlamentarische Regierungsform. Sie ist eine Weltanschauung, die wurzelt in der Auffassung von der Würde, dem Werte und den unveräußerlichen Rechten eines jeden einzelnen Menschen." Sie hat Vorrang vor dem Staat und der Nation.[258] Den Staat betrachtete er als Instrument im Dienst der Menschen und als Organisation für ihr Zusammenleben in einer Gemeinschaft, welche die freie Entfaltung des Einzelnen sichert: „Nach meiner Auffassung muss die Person dem

Dasein und dem Rang nach vor dem Staat stehen. An ihrer Würde, Freiheit und Selbstständigkeit findet die Macht des Staates sowohl ihre Grenze wie ihre Orientierung ... Nach meiner Auffassung muss der Staat eine dienende Funktion gegenüber der Person ausüben ... Der Sinn des Staates muss sein, die schaffenden Kräfte des Volkes zu wecken, zusammenzuführen, zu pflegen und zu schützen."[259]

Unter „Nationalgefühl" verstand Adenauer „die Liebe zu seinem Volke, nicht die Liebe zu irgendeinem Herrscherhaus oder die Liebe zu irgendeiner Staatsgrenze: die kommen und gehen."[260] Er bekannte sich zu einem auf Freiheit und Recht bezogenen Patriotismus. Dieser galt den Menschen, nicht dem Staat, denn Staaten haben auf Dauer keinen Bestand, „aber der Mensch, dem sein Schöpfer eine unsterbliche Seele gegeben hat, der ist das Wesentliche, das Beste und Kostbarste auf der Erde".[261] Sein Patriotismus schloss alle Europäer ein. Am 30. Mai 1963 sagte er Journalisten: „Es ist nicht mehr ein deutsches Nationalgefühl, sondern ein europäisches Nationalgefühl. Ich glaube, dass die junge Generation viel europäischer denkt ... das halte ich für sehr wertvoll für die Zukunft ... damit braucht das nationale Gefühl nicht verloren zu gehen. Der Franzose wird nicht vergessen, dass er Franzose ist, der Deutsche nicht, dass er Deutscher ist; der Engländer wird sicher nicht vergessen, dass er Engländer ist. Aber sie werden in der Hauptsache an die Zukunft denken und an Europa denken."[262]

Diese „eigentümliche europäische Komponente" war mit „Adenauers rheinischer Herkunft in charakteristischer Weise verbunden", schrieb Heinrich Hürten. Deutlich wurde dies in seiner Ansprache zur Eröffnung der wiedergegründeten Universität zu Köln 1919. Einige Tage vor dem Abschluss des Versailler Friedensvertrags, den er fast 50 Jahre später in seinen Erinnerungen als „die beste Propaganda für einen zügellosen Nationalismus" bezeichnete, mahnte er zum Ausgleich zwischen den Kriegsgegnern.[263] Adenauer wies auf die europäischen Elemente der rheinischen Zivilisation hin, erinnerte an die 2000-jährige Tradition eines fruchtbaren Austausches verschiedener Kulturen in Köln und betonte die Notwendigkeit der Versöhnung zwischen den Völkern. Es sei „die besondere Aufgabe" der Universität Köln, „das Werk dauernder Völkerverständigung und Völkergemeinschaft zum Heile Europas zu fördern".[264]

Adenauer war davon überzeugt, „dass die heutige Zeit über die europäischen Länder hinweggehen wird, wenn sie sich nicht fest zusammenschließen".[265] Seine Warnung wiederholte er zwei Monate vor seinem Tod am 16. Februar 1967 in Madrid. Dort forderte er die „europäische politische Einigung", die „alle in Europa liegenden Staaten mit Ausnahme Sowjetrusslands" einschließen müsse. Die ostslavischen Länder hielt er für einen „eigenen Großkontinent". Die Europäische Wirtschaftsgemeinschaft dürfe sich nicht auf die sechs Gründungsmitglieder beschränken, sondern müsse weitere Länder aufnehmen: „Auch nach Osten müssen wir blicken, wenn wir an Europa denken. Zu Europa gehören Länder, die eine reiche europäische Vergangenheit haben. Auch ihnen muss die Möglichkeit eines Beitritts geboten werden ... Wenn die europäischen Länder oder auch nur ein großer Teil von ihnen in einer politischen Union geeint sind, wird ihre Stimme in der Weltpolitik gehört werden."[266]

Die deutsch-französischen Beziehungen bezeichnete er als „Angelpunkt" seiner Politik. Deshalb sei sie aber nicht „profranzösisch und womöglich antibritisch", denn es gehe nicht darum, die eine Macht gegen die andere auszuspielen. „Die Freundschaft mit England ist ebenso wesentlich wie die mit Frankreich."[267] Große Sympathie empfand er für die Polen, die schon seit einem Jahrtausend kulturelle und wirtschaftliche Beziehungen mit den Rheinländern unterhielten. In der zweiten Hälfte des 19. Jahrhunderts hatte sich die rheinisch beeinflusste Zentrumspartei, der Adenauer später beitrat, für die von Preußen verfolgten Polen eingesetzt und war auch deshalb von Bismarck zu den „Reichsfeinden" gerechnet worden.[268] 1957 nahm Adenauer mithilfe seines Mitarbeiters Klaus Otto Skibowski, des Kölner Erzbischofs Joseph Kardinal Frings und der niederländischen Fluggesellschaft KLM Kontakt zum polnischen Primas Kardinal Stephan Wyszynsky auf. Die Kontakte wurden vom polnischen Abgeordneten Professor Stanislaw Stomma im Auftrag des Primas und dem rheinischen CDU-Politiker und späteren Bundesinnenminister Paul Lücke fortgesetzt. Adenauer habe „alle möglichen Geldquellen" ausgeschöpft, um die polnische Opposition zu unterstützen, berichtete Skibowski 38 Jahre später. Unterstützt wurde auch die Katholische Universität Lublin, wo Skibowski mit Professor Karol Wojtyla, dem späteren Papst, zusammentraf. „Wir taten viel, durften und wollten aber nicht darüber reden."[269]

Auch die Aussöhnung mit den Juden war ein rheinisches Anliegen. Die rheinischen Juden hatten zwar in ihrer 2000-jährigen Geschichte Diskriminierung, Unterdrückung und in einigen Orten Pogrome erlebt, aber spätestens seit dem 18. Jahrhundert auch die Solidarität vieler Christen erfahren, die sich mit Erfolg für ihre Gleichberechtigung einsetzten. Nach ihrer Befreiung von der NS-Diktatur wollte die große Mehrheit der Rheinländer jenes „traditionell gute Verhältnis zwischen Juden und Christen" wieder begründen, das trotz der preußischen Herrschaft in ihrem Land bestanden hatte. Deshalb unterstützte sie Adenauers Politik der Wiedergutmachung für die von den Nationalsozialisten begangenen Verbrechen.[270]

Adenauer unterschied zwischen dem mitteleuropäischen Deutschland und dem westeuropäischen Rheinland. Dem amerikanischen Außenminister

Dean Acheson sagte er, die Rheinländer hätten mit ihren westlichen Nachbarn „ein gemeinsames Erbe, das zu ihnen den Rhein hinabgekommen wäre als den Nachkommen Karls des Großen, die die europäische Zivilisation schon behütet hätten, als im östlichen Deutschland noch Menschenopfer dargebracht wurden."[271] Er hatte jene Distanz zur deutschen Nation, die im Rheinland bereits seit dem Hochmittelalter nachzuweisen ist.[272] Lord Parkenham berichtete, Adenauer sah die Deutschen „in einzigartiger Weise ganz von außerhalb".[273] Er war zuerst Kölner, Rheinländer, Europäer, danach Deutscher. Unter „deutsch" und „Deutschland" verstand er vor allem die deutsche Zivilisation. Er hatte eine „gewisse Distanz, gewisse rheinisch-katholische Reserven gegenüber dem Nationalstaat bismarckscher Prägung mit seinen dominierenden protestantischen ost- und norddeutschen Komponenten", berichtete Wilhelm Grewe.[274]

Adenauer wollte die Menschen in Ostberlin und der DDR von kommunistischer Gewaltherrschaft sowie die Bevölkerung Westberlins von der Furcht, irgendwann das Schicksal ihrer Landsleute teilen zu müssen, befreien. Ziel seiner Deutschland- und Berlinpolitik war es, den Ostdeutschen die Möglichkeit zu verschaffen, in Freiheit selbst über ihren Beitritt zur Bundesrepublik abzustimmen. Daran hielt er kompromisslos fest. Über die von Gott gegebenen Menschenrechte gab es nichts zu verhandeln, nur über die Mittel und Wege, sie durchzusetzen.

Wie stark ihn die Missachtung der Menschenrechte durch die kommunistischen Machthaber berührte, beweist ein Gespräch mit dem Journalisten Joseph Alsop: „Wenn eine menschliche Behandlung eintreten würde, wenn die Mauer wegkäme, wenn die Menschen von Westberlin mit denen aus Ostberlin und mit denen aus der Zone wieder verkehren könnten, dann würde eine Atmosphäre geschaffen, die alle politischen Fragen sehr viel leichter macht. Für mich, Mister Alsop, sind diese Fragen keine Fragen nationalen Prestiges; und was mir so bitter weh tut – auch jetzt wieder in Berlin habe ich das bitter empfunden: dass diese Menschen da so leiden müssen; es sind doch 16 bis 17 Millionen von Menschen mitten im Herzen Europas."[275]

Bereits am 28. März 1945 hatte er mit amerikanischen Offizieren die künftige Gestaltung Deutschlands erörtert. Adenauer habe das Gespräch mit einer langen Darstellung über das auf der römischen Zivilisation beruhende und das preußische Deutschland begonnen, schrieb Lieutenant Just Lunning an seinen Vorgesetzten. Das von Preußen geprägte habe dem anderen seinen Willen aufgezwungen und werde dies auch in Zukunft tun. Heute zweifele er, ob es richtig gewesen sei, im Jahre 1923 Reichskanzler Gustav Stresemann davon zu unterrichten, dass ein unabhängiges Rheinland nach seiner Meinung wahrscheinlich nicht international anerkannt werde. Die beste Lösung sei, einen deutschen Bundesstaat aus Österreich, dem restlichen Preußen, Süddeutschland, Westfalen und dem Rheinland zu schaffen. Wenn Preußen nur einer von vier Staaten sei, könne sein Einfluss auf die deutsche Politik von den drei anderen neutralisiert werden. Sollte dies nicht zu verwirklichen sein, müsse das Rheinland als unabhängiger Staat anerkannt und könne unter britischen oder amerikanischen Schutz gestellt werden.

Im Juni 1946 schlug er dem Schweizer Generalkonsul Franz-Rudolph von Weiss und dem französischen Diplomaten Pierre Arnal einen dezentralisierten deutschen Bundesstaat mit einer Hauptstadt im Westen oder Südwesten vor. Der rheinisch-westfälische Bundesstaat könne um den Regierungsbezirk Osnabrück, Rheinhessen, die Pfalz und einen Teil von Hessen-Nassau erweitert werden. Er müsse eine weitgehende Autonomie besitzen, die „wirtschaftliche Vertretungen" ausländischer Staaten „mit entsprechenden Zuständigkeiten" einschloss: „Es ergibt sich zwangsläufig hieraus eine Reziprozität mit entsprechenden politischen Auswirkungen." Der Staat solle wirtschaftlich eng mit den Beneluxstaaten und Frankreich verflochten werden.[276] „Wenn England sich entschließen würde, auch an dieser wirtschaftlichen Verflechtung teilzunehmen, so würde man dem doch so wünschenswerten Endziele ‚Union der westeuropäischen Staaten' ein sehr großes Stück näher kommen."[277]

Adenauers Konzept ermöglichte eine unabhängige rheinische Politik, auch wenn die Verbindung mit dem übrigen Deutschland staatsrechtlich erhalten blieb. Es ergab sich zwingend aus der Geografie, Geschichte, Kultur und wirtschaftlichen Orientierung des Rheinlandes, erleichterte seinen Wiederaufbau und schuf die Voraussetzungen für eine dauerhafte Zusammenarbeit mit seinen westlichen Nachbarn.

Nicht nur darin stimmten die Interessen des Rheinlandes mit denen der Beneluxstaaten überein. Beide wollten die Rückkehr Preußens an den Rhein und die Einbindung des Rheinlandes in einen von Berlin aus regierten deutschen Nationalstaat verhindern. Wie Adenauer hatte die belgische Exilregierung in London bereits 1944 ein föderalistisch organisiertes Deutschland und die Bildung eines Bundeslandes aus dem nördlichen Rheinland und Westfalen gefordert.[278]

Das Votum für Bonn

Geografisch umfasste die Bundesrepublik mit Ausnahme einiger Landschaften am Rhein nur mitteleuropäische Gebiete. Während der Teilung Europas wurden „allgemein gültige und altgebräuchliche geografische

DIE BONNER REPUBLIK

Bezeichnungen abgeschliffen oder gar verfälscht", stellte Heinrich Fischer fest. So wurde die gesamte Bundesrepublik „durch mangelnde Sorgfalt im Sprachgebrauch als zu Westeuropa gehörig angesehen". Noch heute wird ihr Gebiet „ohne Überlegung und vollständig mit ‚Westdeutschland' gleichgesetzt, obgleich rein geografisch die ostwärtige Grenze eines ‚Westdeutschlands' innerhalb der deutschen Mittelgebirge eher entlang der Weser, Fulda und Schwalm etwa zum Vogelsberg und zum Sinntal als der Grenze zwischen Spessart und Odenwald zu legen wäre."[279]

Schon vor dem Beitritt der DDR zur Bundesrepublik war das deutsche Selbstverständnis mehrfach ein Thema öffentlicher Debatten. Dabei zeigten sich im Wesentlichen zwei unterschiedliche Auffassungen: Die vom Bismarckreich geprägten, überwiegend norddeutschen Kreise der Gesellschaft betrachteten die Bundesrepublik als eine mitteleuropäische Macht, deren Hauptstadt Bonn aus ihrer Sicht fälschlicherweise im westeuropäischen Rheinland lag. Ihre Auffassung teilte die große Mehrheit der aus den Gebieten östlich von Oder und Neisse vertriebenen und aus der DDR geflohenen Deutschen. Dagegen sahen die Rheinländer und ihre Politiker die Bundesrepublik als einen eng mit Westeuropa verbundenen Staat. Folglich musste sein politisches Zentrum in dessen westeuropäischem Teil liegen, was die Abkehr vom Bismarckreich und von der NS-Diktatur deutlich machte. Unter dem Eindruck der sowjetischen Bedrohung unterstützten auch die antipreußischen Kreise Süddeutschlands die rheinische Position.

Die Kreise der deutschen Gesellschaft, die Adenauers Deutschland-, Europa- und Frankreichpolitik ablehnten, grenzten sich vom Rheinland ab. Politiker und Publizisten forderten den Umzug der Bundesorgane in die ehemalige Reichshauptstadt, obwohl sie geteilt und ihr von den drei Westmächten besetzter Westteil wie eine Insel in der kommunistischen DDR lag. So sah die Hamburger Publizistin Marion Gräfin Dönhoff Bundesregierung und Bundestag im rheinischen „Exil". Bonn sei nur die Hauptstadt eines „westdeutschen Staates ". Die Regierungsgewalt müsse „von Berlin ausgehen", schrieb der Abgeordnete Gerd Bucerius (CDU). Die national orientierte Presse unterstützte ihn. Mit einer Flut von Artikeln warb sie für den Umzug. Das Vorhaben scheiterte am Widerstand Adenauers, seiner Anhänger und der drei Westmächte USA, Großbritannien und Frankreich.[280]

Offensichtlich wollten einflussreiche Kreise der deutschen Gesellschaft schon damals an das gescheiterte Bismarckreich anknüpfen, das sich als zentrale Macht in der Mitte Europas verstanden hatte. Das Deutsche Reich habe weder eine eindeutige Orientierung nach Westen noch nach Osten gehabt, stellte Andreas Hillgruber fest. Diese „Tradition" wirke nach. Zwischen 1948/49 und dem Mauerbau 1961 habe es „eine so starke Bejahung der Westorientierung wie nie zuvor und auch später nie wieder" gegeben. „Adenauer war der Exponent dieser Tendenz."[281] Dagegen begreife sich das Rheinland als Teil Westeuropas, bemerkte der Berliner Politikwissenschaftler Arnulf Baring. Es habe „ein selten geäußertes, aber deutlich empfundenes Selbstbewusstsein" gegenüber den mitteleuropäischen Deutschen, vor allem gegenüber denen im Norden und Osten. Adenauer habe seine Weltansicht und die „geistigen Grundlagen seiner Politik" nicht verständlich machen können, was Anneliese Poppinga bereits widerlegt hat. Arnulf Baring unterschied Adenauers Sichtweise von der in Berlin üblichen, betonte dessen „rheinische Weltsicht", bezeichnete seine Politik als „rheinisches Konzept" und grenzte es von den deutschen Vorstellungen ab.[282]

In Jahre 1969 bildete der SPD-Vorsitzende Willy Brandt mit der FDP die Bundesregierung und verwies die CDU/CSU nach 20-jähriger Regierungszeit in die Opposition. Manfred Görtemaker sieht darin eine „Umgründung der Republik". Die „Süddeutsche Zeitung" vermerkte das „Ende der Ära Adenauer" und damit des rheinischen Einflusses auf die deutsche Politik, denn Brandts Mitstreiter kamen wie er aus Berlin und Norddeutschland. Einige waren ostdeutscher Herkunft.[283]

Im Jahr darauf forderte Marion Gräfin Dönhoff: „Das geistige Preußen muss in dieser Zeit materieller Begierden weiterwirken – sonst wird dieser Staat, den wir Bundesrepublik nennen, keinen Bestand haben."[284] Der Abgeordnete und spätere Bundespräsident Richard von Weizsäcker (CDU) erklärte 1972 im Bundestag, der deutsche „Nationalbegriff" sei von Bismarcks Reich geprägt.[285] Er stieß auf Widerspruch. Die Bewunderer Preußens verteilten sich über alle Parteien, „von weit rechts über die Mitte bis in die Sozialdemokratie", stellte Martin Greiffenhagen fest.[286]

Diese Einstellung kritisierte Heinrich Böll in seiner Dankesrede zur Verleihung des Nobelpreises für Literatur 1972: Im Rheinland war die deutsche Sprache „zu selbstverständlich als dass man nach innen oder außen hätte demonstrieren müssen. Das taten andere, denen das weiche d nicht genügte, die nach einem harten t begehrten. Teutsche Gewalt, Zerstörung, Schmerz, Missverständnisse liegen auf dem Weg, den einer daherkommt, aus den Schichten vergangener Vergänglichkeit in eine vergängliche Gegenwart ... Immer noch herrscht Misstrauen unter den Demonstrativ-Teutschen, als wäre die Kombination westlich und deutsch doch nur eine Täuschung der inzwischen unheilig gewordenen Nation. Wo doch gewiss sein müsste: Wenn dieses Land je so etwas wie ein Herz gehabt haben sollte, lag es da, wo der Rhein fließt. Es war ein weiter Weg in die Bundesrepublik Deutschland."[287]

DIE BONNER REPUBLIK

Nach dem Fall der Mauer 1989 begannen Berlin-Anhänger und Preußen-Fans eine Kampagne gegen Bonn und das Rheinland, wie sie seit dem Untergang des Bismarckreiches nicht mehr geführt worden war. Eine Berliner Republik werde östlicher, protestantischer und preußischer sein als die rheinisch beeinflusste Bundesrepublik.[288] Eine Entscheidung für Bonn werde in Berlin und Ostdeutschland als „Verrat" aufgefasst werden, warnte der frühere DDR-Außenminister Markus Meckel (SPD). Auch die preußischen Machthaber hatten von „hochverräterischen Gesinnungen des rheinischen Volkes" gesprochen.[289]

Der SPD-Ehrenvorsitzende Willy Brandt verglich Bonn mit Vichy, dem Sitz jenes französischen Regimes, das mit der deutschen Besatzungsmacht kollaboriert hatte und in die Verbrechen der NS-Diktatur verstrickt war. Dafür erhielt er Beifall von Abgeordneten der SPD, der FDP und von Bündnis 90/Die Grünen.[290] Einige Monate später schrieen Gruppen der linken Szene Berlins auf ihren Demonstrationen: „Ausländer rein, Rheinländer raus!"[291]

Im Rheinland jedoch wurde die Befreiung der vom Kommunismus unterdrückten Völker ebenso vorbehaltlos begrüßt wie in Europa und anderen Ländern der Erde. Dagegen waren die Reaktionen auf den Beitritt der DDR zur Bundesrepublik unterschiedlich:

„Das Rheinland feierte teils verhalten-zurückhaltend, teils würdig-offiziell, teils locker-entspannt, teils gar nicht, und es pflanzte allerorten viele Bäume, nicht nur deutsche Eichen, sondern auch Buchen, Weiden und Erlen. Auf den Wasserstraßen hupten Schiffshörner, mancherorts läuteten um Mitternacht die Glocken, fanden Dankgottesdienste statt." Nach Zeitungsberichten könnte die Zahl der Teilnehmer an den Einheitsfeiern vermutlich auf 100.000 bis 200.000 Menschen geschätzt werden, was etwa 1 % bis 2 % der rheinischen Bevölkerung entspricht. An vielen Orten war der Anlass Nebensache. Wahrscheinlich kamen die meisten nur wegen der Musik und des Feuerwerks. So nahmen an einem Konzert in Mönchengladbach 40.000, an dem in Koblenz 35.000 Zuhörer teil. Verglichen mit anderen Festen war dies nur eine sehr kleine Minderheit.[292] Den Gegensatz zwischen dem Rheinland und dem übrigen Deutschland symbolisierten die Feiern in Bonn und Berlin. Während Bonn sich als „Brücke" empfahl, wurde vor dem Berliner Reichstag die Nationalhymne gesungen und eine 40 m² große schwarz-rot-goldene Fahne aufgezogen. „Berlin feiert die Vergangenheit, Bonn die Zukunft", kommentierte ein Zuschauer.[293]

Durch den Fall der Mauer und den Beitritt der DDR zur Bundesrepublik am 3. Oktober 1990 waren die Anhänger Berlins entscheidend gestärkt worden. Im Einigungsvertrag hatte die DDR Berlin als Hauptstadt durchgesetzt. Es war offenkundig, dass ihre demokratisch gewählte Regierung ebenso wie die diktatorischen Vorgängerinnen ein politisches Zentrum im Rheinland ablehnte.[294]

Debatte und Abstimmung über den Sitz der Bundesorgane fanden am 20. Juni 1990 im Bundestag statt. Von 87 rheinischen Abgeordneten stimmten 79 (91 %) für Bonn, 8 (9 %) für Berlin. Die niederrheinischen Parlamentarier votierten zu 89 %, die mittelrheinischen zu 100 % für Bonn. Die Angaben im Handbuch des Bundestages lassen erkennen, dass mindestens vier der acht Befürworter Berlins sich mit ihrer früheren nord- oder ostdeutschen Heimat eng verbunden fühlten oder wie Willy Brandt und Hans-Dietrich Genscher nur wegen ihrer bundespolitischen Tätigkeit in das Rheinland gekommen waren. Bonn erhielt bei allen rheinischen Abgeordneten der im Bundestag vertretenen Parteien über vier Fünftel der Stimmen. Am größten war die Mehrheit mit 95 % in der CDU vor der SPD mit 88 % und der FDP mit 82 %. Berlin erhielt bei den Parlamentariern der CDU nur 5 %, bei denen der SPD 12 % und bei denjenigen der FDP 18 %. Nirgendwo war die Zustimmung zu Bonn und die Ablehnung Berlins so deutlich wie im Rheinland. Nirgendwo waren sich die Parteien darin so einig.

Das Votum der rheinischen Abgeordneten unterschied sich von den Voten ihrer Kollegen aus Westfalen, Rheinhessen-Pfalz und dem Saarland. Etwa 66 % der westfälischen Abgeordneten stimmten für Bonn, 34 % für Berlin. 65 % der Parlamentarier aus Rheinhessen-Pfalz votierten für Bonn, 35 % für Berlin. Die Abstimmung zeigt, dass weder Nordrhein-Westfalen noch Rheinland-Pfalz diesbezüglich eine Einheit bilden, denn die Orientierung Westfalens und des Raumes Rheinhessen-Pfalz unterscheidet sich von der des Rheinlandes. Dies gilt auch für das Saarland, dessen Abgeordnete zu 60 % für Bonn und zu 40 % für Berlin stimmten. Dagegen orientiert sich das rechtsrheinische Hessen überwiegend nach Berlin. 63 % seiner Abgeordneten entschieden sich für die alte Hauptstadt, nur 33 % für Bonn. 4 % enthielten sich oder waren abwesend.

Der Bundestag votierte mit 338 (51 %) zu 320 (49 %) Stimmen für Berlin. Die Abstimmung erfolgte zwar namentlich, aber ohne Fraktionszwang. Von den außerhalb des Rheinlandes gewählten Abgeordneten stimmten 58 % für Berlin und 42 % für Bonn. Ohne die rheinischen Abgeordneten gab es in allen Fraktionen Mehrheiten für Berlin, so in der CDU/CSU-Fraktion 55 %, in der SPD-Fraktion 51 %, in der FDP-Fraktion 75 %, in der Fraktion Bündnis 90/Die Grünen 75 %, in der PDS-Fraktion 86 %.[295] Die Abstimmung deutet an, dass der Zusammenhalt des deutschen Volkes im Raum der spätmittelalterlichen Nation wohl am stärksten ist. Heute umfasst er jedoch nicht mehr die Gebiete östlich von Oder und Neiße, Österreich, die Schweiz und das Elsass.

Auch zwölf der 16 Bundesländer hatten den Umzug von Bundestag und Bundesregierung nach Berlin gefordert, Bayern, Nordrhein-Westfalen, Rheinland-Pfalz und das Saarland jedoch den Verbleib in Bonn gefordert.[296] Am 27. September 1996 beschloss der Bundesrat auf Antrag Bayerns mit den Stimmen von 13 der 16 Länder, seinen Sitz nach Berlin zu verlegen. Nur Nordrhein-Westfalen, Rheinland-Pfalz und das Saarland hielten an dem Beschluss von 1991 fest, den Sitz des Bundesrates in Bonn zu belassen.[297]

Vor dem Beitritt der DDR hatte die Bundesrepublik unter westeuropäisch-rheinischem Einfluss ein universalistisch geprägtes Selbstverständnis entwickelt. Von den Anhängern Preußens wurde es bereits vor dem Fall der Mauer in Frage gestellt. Nach der Wahl Berlins verfochten sie eine von völkischem Denken beeinflusste Ausländerpolitik. Sie bildet eine Gegenposition zum Universalismus des Rheinlandes, seiner westlichen Nachbarn und des Saarlandes. Der Universalismus beruht auf der Überzeugung, dass alle Menschen dieselbe Würde und dieselben Rechte besitzen. Folglich dürfen Grenzziehungen kein unüberwindliches Hindernis bilden. Sie unterscheiden geografische Räume, Sprachgebiete und Zivilisationen, dienen aber nicht dazu, Menschen und Völker voneinander abzusondern. Das Ausgrenzen einzelner oder ganzer Gruppen aus einer Gesellschaft widerspricht dieser Überzeugung.[298]

Im Rheinland hatten Preußen unter Hitler den Universalismus zwar unterdrückt, aber nicht beseitigen können. Seinen Einfluss auf die rheinische Gesellschaft belegen die Integration von etwa zwei Millionen Ostdeutschen, die Aufnahme von Einwanderern aus aller Welt und Adenauers Europapolitik.

Ein Bekenntnis zum Universalismus war die Demonstration gegen Fremdenfeindlichkeit und Rechtsradikalismus in Deutschland. Auf Einladung Kölner Musikgruppen und Künstler versammelten sich am 9. November 1992, dem 54. Jahrestag der Reichspogromnacht, 100.000 Menschen in der rheinischen Metropole.[299] Im folgenden Winter gingen auch in anderen Städten der Bundesrepublik Millionen auf die Straße, um gegen die Gewalttaten an Ausländern zu demonstrieren. Es war ein beeindruckender Protest gegen die völkische Interpretation des Begriffs „deutsches Volk", aber kein Bekenntnis zum Universalismus wie in Köln. Es sollte weder Gewalt noch Diskriminierung geben. „Die Ausländer und Fremden sollten Freunde sein." Sie blieben jedoch „Ausländer" und „Fremde". Eine „Idee der Zusammengehörigkeit" wurde nicht entworfen.[300]

Im Unterschied dazu betonten die Kölner Demonstranten – unter Hinweis auf die christliche Zivilisation des Rheinlandes – die Zusammengehörigkeit „aller Menschen". Die Rheinländer kämen aus aller Welt zusammen, sagte Elke Heidenreich. Willy Millowitsch erinnerte mit seiner Lesung von Harras' Monolog aus Carl Zuckmayers „Des Teufels General" an den „Melting Pot' Rheinland", das seit über 2000 Jahren ein Land der Einwanderer ist. Im Land geborene und eingewanderte Rheinländer kritisierten diejenigen ihrer Landsleute, die mit ihrem Verhalten gegen diese Tradition verstießen.[301]

Im Frühjahr 1999 fanden in Köln mehrere internationale Konferenzen statt, darunter das halbjährliche Treffen des Europäischen Rates der Staats- und Regierungschefs sowie der sieben führenden Wirtschaftsmächte der Erde, an dem auch der russische Präsident Boris Jelzin teilnahm. 5.400 Journalisten – darunter 1.750 ausländische – berichteten darüber.

Der amerikanische Präsident William Jefferson Clinton wurde vom Rat der Stadt und von der Bevölkerung besonders herzlich empfangen.

Die Arsch huh-AG, ein Zusammenschluss Kölner Künstler, Journalisten und Schriftsteller, organisierte den Protest der Hunderttausend. Zum Abschluss sangen sie das Stück „Arsch huh, Zäng ussenander!", das BAP-Sänger Wolfgang Niedecken (Text) mit V. Nick Nikitatis (Musik) eigens für das Konzert geschrieben hatte.

Spontan besuchte er mit dem britischen Premierminister Tony Blair den Dom, ein zweites Mal mit anderen Regierungschefs zu einer Andacht. Kardinal Meisner wies auf den Universalismus hin: „Vor unserem Dreikönigsschrein leuchtet die Vision einer Menschheitsfamilie auf, die in Gott ihren gemeinsamen Vater hat. Dass Sie in hoher und letzter Verantwortung an Ihren Völkern an der Verwirklichung dieser Vision mitarbeiten dürfen, ist sicher eine schwere Verantwortung, aber eine noch größere Gnade, die Ihnen Mut machen und Zuversicht geben kann."[302] Trotz mehrerer Demonstrationen verliefen alle Konferenzen ohne Zwischenfälle. Die amerikanischen Sicherheitskräfte vertrauten der Kölner Polizei. Bundeskanzler Schröder lobte die „friedliche Atmosphäre in der Stadt". Sie habe „die politischen Beratungen positiv beeinflusst ... Vor den Kölner Bürgern habe ich großen Respekt ... Das alles hätte ich so nicht erwartet. Jedenfalls war's schön." Der französische Präsident Jacques Chirac schrieb in das Goldene Buch der Stadt: „De tout cœur, merci pour votre accueil" (Von ganzem Herzen danke ich für Ihren Empfang). Der Wirtschaftskorrespondent der „International Herald Tribune" berichtete über die „relaxte Stimmung". Köln sei als Stadt für Gipfeltreffen „einfach unschlagbar". Auch Jim Hoagland von der „Washington Post" sagte: „Ich finde es wunderschön, wie man hier durch den alten Stadtkern spazieren kann. So was gibt es in ganz Amerika nicht ... Alles ist prima organisiert und sehr professionell. Und ich kann das gut beurteilen, ich war schon in vielen Gipfelstädten. Besonders gut fand ich, dass hier alles sehr ‚kompakt' ist, dass man alle wichtigen Plätze und Tagungsorte auch schnell zu Fuß erreichen kann ... Die Menschen sind sehr offen und geben einem das Gefühl, sehr willkommen zu sein."[303]

Einheit trotz Teilung

Während die Deutschen, auch dank der Politik Adenauers, schon seit mehr als zehn Jahren in einem gemeinsamen Staat leben, ist das Rheinland noch immer geteilt. Weder Nordrhein-Westfalen noch Rheinland-Pfalz verdanken ihre Gründung einem Volksentscheid. Beide wurden 1946 auf Anordnung der Besatzungsmächte geschaffen. Bis in die Mitte der fünfziger Jahre scheiterten alle Bemühungen um eine Wiedervereinigung des Rheinlandes am Einspruch der Hauptsiegermächte, danach an der „konsequente(n) Obstruktionspolitik" der Bundes- und Landesregierungen. Parlamente und Behörden verschleppten die Volksabstimmung über eine Eingliederung des südlichen Rheinlandes in das Land Nordrhein-Westfalen bis 1975, obwohl das dazu notwendige Volksbegehren schon 1956 erfolgreich war. Die Bevölkerung lehnte die Angliederung ab. Offensichtlich befürchtete sie Nachteile für den Mittelrhein, denn die Politik Nordrhein-Westfalens konzentriert sich vor allem auf das westfälische Ruhrgebiet. Mit diesem Argument hatten mittelrheinische Politiker schon 1948 die Eingliederung in dieses Land abgelehnt und den Erhalt von Rheinland-Pfalz vorgezogen.

Bis heute hatten die Rheinländer keine Möglichkeit, über ein eigenes Bundesland in den Grenzen ihrer Landschaft abzustimmen. Deshalb kann der Volksentscheid nicht als Absage an einen gemeinsamen rheinischen Staat interpretiert werden. Immer wieder wurde die Teilung des Landes kritisiert. Bis in die Mitte der fünfziger Jahre blieb sie ein „zentrales und wichtiges Thema, das auch in der breiten Öffentlichkeit rege diskutiert wurde", stellte Beate Dorfey fest.[304]

Der Fortbestand Nordrhein-Westfalens liegt im westfälischen Interesse, denn Westfalen benötigt die Wirtschaftskraft des Niederrheins zur Unterstützung des Ruhrgebietes. Schon 1953 sagte ein Beamter der Landesregierung, diese sei nur zu leisten, wenn sie „von Rheinland und Westfalen getragen" werde.[305] Akten belegen, dass seitdem das Ruhrgebiet als Zentrum des Landes gilt. Die Überlegungen der Politiker fasste Horst Romeyk zusammen: „Bindeglied war das Ruhrgebiet, das wegen seiner ökonomischen und politischen Krisenanfälligkeit eines inneren Ausgleichs durch ein vergrößertes Hinterland bedurfte. Dies war in den anderen Landschaften des nördlichen Rheinlandes und Westfalen gegeben."[306]

Es gibt zwar ein ausgeprägtes rheinisches und westfälisches Bewusstsein, aber kein umfassendes nordrhein-westfälisches Landesbewusstsein.[307] Kaum zu erwarten ist, dass es sich fast 60 Jahre nach der Gründung des Landes noch entwickelt, denn Nordrhein-Westfalen wurde aus Gründen geschaffen, die dank der Europäischen Union heute ihre Bedeutung verloren haben.[308] Zudem belegt die Existenz der beiden Landschaftsverbände Rheinland und Westfalen-Lippe das Fortbestehen von zwei politischen Landschaften.[309]

Wissenschaftlichen Untersuchungen zufolge blieb Rheinland-Pfalz nur deshalb bestehen, weil die notwendige Volksabstimmung erst 19 Jahre nach dem Volksbegehren durchgeführt wurde. Die Vermutung, es sei „so etwas wie ein Landesbewusstsein entstanden", stützt sich auf Berechnungen, nach denen 1981 etwas mehr als 50 % der Bevölkerung „keine andere politische Einheit erlebt" hatte.[310] Rheinland-Pfalz bleibt geteilt, denn die Pfälzer betonen mit ihrem Bezirksverband ihre Eigenständigkeit.[311]

Weder Nordrhein-Westfalen noch Rheinland-Pfalz entsprechen den vom Grundgesetz für die Bildung eins Bundeslandes geforderten Kriterien, stellte Beate Dorfey[312] fest. Die „landsmannschaftliche Verbundenheit" fehlte ebenso wie die „geschichtlichen und kulturellen Zusammenhänge".

Dagegen zählte „gerade das Zusammengehörigkeitsgefühl der Rheinländer zu den nachhaltigsten und dauerhaftesten Gründen für eine Neugliederung des rheinischen Raumes". Die Frage nach der Identität, dem Selbstverständnis wie auch der „Sinnhaftigkeit" der beiden Bundesländer beweise, „dass im Leben und Denken der Menschen zwar ein weit reichender Wandel stattgefunden hat, es aber offenkundig immer noch Spuren und Traditionen des Vergangenen gibt, die weiterwirken und die Menschen drängen, nach Möglichkeiten der Veränderung des damals geschaffenen Status quo zu fragen, auch unter Wiederbelebung von Traditionen, die längst vergessen scheinen."

Trotz der fast 60-jährigen Teilung verfügt das Rheinland noch über gemeinsame Institutionen wie beispielsweise die Kölner Kirchenprovinz und die Evangelische Kirche im Rheinland, grenzüberschreitende Verbände und Vereinigungen wie den Rheinischen Verein für Denkmalpflege und Heimatschutz, die Rheinische Gesellschaft für Geschichtskunde und Fachzeitschriften, die über das gesamte Land berichten. Diese „sind sicherlich als starke Betonungen gemeinsamer Bestrebungen und noch mehr als Zeichen des Bewusstseins eines rheinischen Zusammenhangs anzusehen", schrieb der Kölner Volkskundler Adam Wrede.[313] Auch in dem fast einmütign Votum der rheinischen Abgeordneten für Bonn im Jahre 1991 zeigte sich das Bewusstsein der Zusammengehörigkeit.

Verstehen sich die Rheinländer heute als „Volk" oder „Nation", wie Karl Gustav Faber dies für das 19. Jahrhundert festgestellt hat?

Alle Versuche, „die Nation wissenschaftlich zu definieren, sind bisher gescheitert", schrieb Carlrichard Brühl 1990 und verwies auf einen Satz des Romanisten Walter Müller: „Es liegt im Wesen des Begriffs ‚Nation' selbst, dass es bisher nicht gelungen ist, ihn objektiv, endgültig und allgemeinverständlich zu bestimmen." Der Jurist Georg Jellinek, der sich auf Ernest Renan bezog, vertrat dieselbe These: Die Nation sei „nichts Objektives im Sinne des äußerlich Existierenden". Deshalb könne sie „mit äußeren Maßstäben überhaupt nicht gemessen werden. Nation ist vielmehr etwas wesentlich Subjektives, d.h. das Merkmal eines bestimmten Bewusstseinsinhaltes. Eine Vielfalt von Menschen, die durch eine Vielheit gemeinsamer, eigentümlicher Kulturelemente sowie eine gemeinsame geschichtliche Vergangenheit sich geeinigt und dadurch von anderen unterschieden weiß, bildet eine Nation."[314]

Trotz der Teilung gibt es ein starkes rheinisches Gemeinschaftsbewusstsein. Die Rheinländer besitzen eine „kraftvolle, unverwechselbare Eigenart" und ein „ausgeprägtes Sonderbewusstsein", das sie von ihren Nachbarn unterscheidet, stellte der aus Niedersachsen stammende Professor für rheinische Landesgeschichte, Franz Petri, fest. Ein „spezifisch rheinisches Zusammengehörigkeitsbewusstsein" und „am Rhein orientierte politisch-landschaftliche Begriffe" ließen sich „durch die ganze rheinische Geschichte vom Beginn des Mittelalters bis zur Gegenwart verfolgen".[315]

Wie ihre flämischen und wallonischen Nachbarn verstehen sich die Rheinländer als „Gemeinschaft" oder „Volk" im Sinne des lateinischen Begriffes *populus*. Er bezeichnet alle Bewohner eines bestimmten Gebietes ohne Unterschied ihrer Herkunft als eine „selbstständige freie Gesamtheit". Oft bildet sie eine Gemeinde, eine Stadt oder eine andere politische Einheit.[316]

Deshalb gilt jeder als Rheinländer, der sich im Rheinland auf Dauer niederlässt, sich in die rheinische Gesellschaft integriert und sich als Rheinländer betrachtet. Es ist gleichgültig, ob er oder seine Eltern im Land geboren sind oder nicht.[317]

Nach der Definition von Fernand Braudel sind die Städte und eine sehr lange geschichtliche Kontinuität die wichtigsten Charakteristika jeder Zivilisation. Sie ist weder eine ausschließliche Wirtschafts- noch lediglich eine Gesellschaftseinheit, sondern das, was trotz der aufeinander folgenden Gesellschafts- und Wirtschaftssysteme bestehen bleibt und sich kaum ändert.[318]

Seit über einem Jahrtausend besteht das Kerngebiet des rheinischen Kulturraums. Die beiden Bischofssitze Köln und Trier sowie ihre engen Verbindungen haben eine Kontinuität von der Antike bis in die Gegenwart. Eine Lücke in der Kölner Bischofsliste und eine vorübergehende Auflösung des Erzbistums Köln in französischer Zeit sind das einzige „Kontinuitätsproblem" der katholischen Kirche im Rheinland.[319]

Die geistige Verbundenheit mit der Antike ist seit dem frühen Mittelalter nachzuweisen. Auch das Streben nach persönlicher Freiheit und Unabhängigkeit ist seitdem belegt. Gleiches gilt für den aus dem katholischen Christentum entwickelten Universalismus, der auch die evangelische Bevölkerung prägt.[320]

Freiheit ist das „Leitmotiv rheinischer Geschichte", schrieb Jörg Engelbrecht.[321] Bereits zur Zeit Karls des Großen sicherte Arnold von Arnoldsweiler der in Abhängigkeit und Bedrückung lebenden Bevölkerung größere Freiheit und Unabhängigkeit von der herrschenden Schicht, indem er ihnen Eigentum verschaffte oder sie durch Geschenke aus ihrer menschenunwürdigen Lage befreite. Weitere Beispiele für das Streben nach Freiheit sind die Verfassung der Stadt Köln und die kommunale Selbstverwaltung des späten Mittelalters.

„Das Schiff der Kirche" von Herb Schiffer. Dieses Glasfenster von 1991 ist ein Beispiel für das universale Denken in der modernen Kunst des Rheinlands: Alle Menschen sind vor Gott gleich, ungeachtet ihrer Herkunft und ihrer Stellung in der Gesellschaft. Die Botschaft des gekreuzigten Christus richtet sich an alle. Er schaut über das Schiff hinaus und spricht auch zu denen, die nicht in der Kirche sind.

Der Jurist, Philosoph und Diplomat Kardinal Nikolaus von Kues (1401–1464) wies darauf hin, dass Gott jedem Menschen Freiheit gegeben habe: „Du hast es in meine Freiheit gelegt, dass ich mein eigen sein kann, wenn ich es nur will." Jeder Mensch ist einzigartig: „Kein Mensch ist in irgendeiner Beziehung einem anderen gleich weder in seiner Vorstellung, Einheit, Handlung, Schrift noch in Bild und Kunst." Jeder ist ein Teil der Menschheit. „Und ebenso wie die Menschheit als solche nicht wiederholbar ist, so ist auch jeder einzelne Mensch unwiederholbar." In seinem Werk „Über den Frieden im Glauben" diskutieren Vertreter aller Nationen und Religionen vor Christus die Übereinstimmungen und Unterschiede ihrer Bekenntnisse. Danach besitzt das Christentum zwar die von Gott geoffenbahrte Wahrheit, muss aber wie die anderen Religionen das Leben aus dem Glauben stärken und die Menschen zu ihrem Ziel, dem Leben in der Ewigkeit, führen. Es gebe „eine Religion in der Mannigfaltigkeit der Riten", schrieb Nikolaus. Auf Gemeinsamkeiten von Christentum und Islam ging er in seinem 1461 erschienenen Buch „Sichtung des Korans" ein. Bereits die Sichtung der christlichen Elemente biete einen Ansatz für Gespräche zwischen Christen und Moslems.[322]

Davon ging auch Papst Johannes Paul II. aus, als er 2000 die Al-Azhar-Universität in Kairo, das geistige Zentrum der sunnitischen Moslems besuchte und dort mit Großscheich Tantawi sprach.[323]

Die Philosophie des Nicolaus Cusanus beeinflusste die rheinischen Humanisten des 16. Jahrhunderts, die wie er von der „Devotio moderna" geprägt waren. Freiheit und Würde des Menschen verteidigte Friedrich Spee während der Hexenverfolgung. Scharf wies er jene zurecht, welche die christliche Lehre als Vorwand für Folter und Mord missbrauchten. Gedanken von Nicolaus Cusanus finden sich auch bei den rheinischen Demokraten des 19. Jahrhunderts und bei Konrad Adenauer. Diese Politiker und Publizisten verbanden sie mit den 1789 von der französischen Nationalversammlung verkündeten Menschenrechten, der Demokratie und dem Streben nach sozialer Gerechtigkeit.

In dieser Tradition stand auch Kardinal Frings. In seinem Abschiedswort nach der Niederlegung seines Amtes schrieb er: „Jeden einzelnen Menschen spricht Gott an. Die volle Antwort des Menschen besteht darin, dass er die gottgegebene Aufgabe seines irdischen Daseins erfüllt. Wie weit er sie aber erfüllt, darüber richtet allein der Richter der Lebenden und Toten und kein menschliches Urteil. Mit diesem Glauben an Gottes Anspruch und Gottes Gericht erkennen wir die einzigartige Würde jeder einzelnen menschlichen Person an."

Zwischen 1945 und 1969 entwickelte sich im Rheinland eine Vorstellung vom Staat, die auf seiner langen freiheitlichen Tradition beruht. Der

Staat gilt als „eine Art GmbH", ein „Dienstleistungsunternehmen für seine Bürger, Interessenschiedsrichter, Sicherheitslieferant, Wirtschaftspromoter, ansonsten den Bürgern so wenig lästig wie möglich, eben bequem, nicht sonderlich national", schrieb Wolfgang Herles. Diese Vorstellung „geht von einem Bürger aus, der am besten auf sich selbst aufpassen kann, den nicht irgendwelche Ideen ans Gängelband nehmen müssen, der ein pragmatisches Verhältnis zur Staatsgewalt hat. Denn der Staat hat den Menschen zu dienen, nicht umgekehrt. Er besitzt keinen ethischen Wert an sich. Er ist ein Instrument." Diese Vorstellung ist bei allen demokratischen Parteien unbestritten. Sie beruht auf der christlichen Auffassung vom Menschen und von der Welt.[324]

Nikolaus von Kues. Ölgemälde aus der 1. Hälfte des 15. Jahrhunderts.

Das Rheinland gehört zur deutschen Zivilisation. Fast alle Zivilisationen Europas stimmen zwar mit den Grenzen seiner Sprachräume, aber nicht mit denen seiner Staaten überein. So umfasst die französische Zivilisation außer Frankreich etwa auch Gebiete der Schweiz, Belgiens, Luxemburgs und der Niederlande sowie das zu Belgien gehörende Flandern. Einige Zivilisationen bestehen aus mehreren Regionalzivilisationen: die englische aus England, Schottland, Wales, Nordirland und Irland, die deutsche aus mehreren sehr unterschiedlichen Landschaften der Bundesrepublik Deutschland, aus Österreich, Südtirol, Teilen der Schweiz, Luxemburgs und Belgiens.[325]

Aus ihrer Zugehörigkeit zur deutschen Zivilisation ergibt sich keineswegs eine Zugehörigkeit zur deutschen Nation. Die deutschsprachigen Schweizer haben sie faktisch bereits im 15. Jahrhundert verlassen. Österreich wurde im 19. Jahrhundert von Preußen ausgeschlossen. Die deutschsprachige Bevölkerung in Südtirol, im Elsass, in Luxemburg und im Osten Belgiens will ihr nicht angehören. Die Mehrheit der Bevölkerung im Rheinland besitzt mit der juristischen Staatsangehörigkeit nach „modernem deutschen Sprachgebrauch" auch die deutsche „Nationalität". Treffend bemerkte Carlrichard Brühl, dass diese „über die nationalen Gefühle des mit einer bestimmten Staatsangehörigkeit Beglückten absolut nichts aussagt".[326]

Ein Bundesland in den Grenzen des heutigen Rheinlands würde nach einer Studie der EU von 1998 über eine stabile wirtschaftliche Basis verfügen. Von den 196 Regionen der Union gehört der Niederrhein zu den reichsten. Trotz des schwächeren Westfalen mit dem Ruhrgebiet steht Nordrhein-Westfalen nach der Île-de-France, der Lombardei und Groß-London vor Hessen und Bayern an vierter Stelle. Deshalb könnte die schwächere Wirtschaftskraft des Mittelrheins durch den Niederrhein ausgeglichen werden, was die Position des Rheinlandes wohl nicht verändern würde.[327]

Auch die Rheinländer haben das Recht auf Wiedervereinigung, das Recht auf ihren eigenen Staat. Sollten sie es wünschen, bietet ihnen Art. 29 des Grundgesetzes dazu die Möglichkeit. Selbst die Bezeichnung „Rheinische Republik" entspräche geltendem Recht, wie die deutschsprachige Form „Freistaat" beweist. Ein rheinisches Bundesland müsste jedoch wesentlich mehr Rechte erhalten, als die Länder jetzt besitzen.

ANHANG

Anmerkungen

1 Gail, A., Das Rheinland, Köln 1954, S. 3–4.
2 Vgl. Hirschfelder, G., Die Kölner Handelsbeziehungen im Spätmittelalter. Köln 1994. Pesch, D. (Bearbeiter), Schöne neue Welt. Rheinländer erobern Amerika. 2 Bde. Kommern 2001. Zeischka, A., Westerwälder Steinzeug in Afrika. Rausbach-Baumbach 2003. Kleine, D., Keramikmuseum Frechen. Braunschweig 1992, S. 15.
3 Schulze, H., Wir sind, was wir geworden sind. München 1987, S. 17.
4 Opgenoorth, E., Einführung in das Studium der neueren Geschichte, Frankfurt, Berlin, Wien 1974, S. 16.
5 Adenauer, Teegespräche 1961–1963, S. 329.
6 Vgl. Brockhaus Enzyklopädie Bd. 18. Leipzig-Mannheim, S. 328–329. Meisen, Sammelbecken, S. 2–4; Zitate ebd.
7 Zitiert nach Hansen, Rheinländer, S. 285–286, Nordrhein-Westfalen, S. 148–149.
8 Janssen, Geschichte, S. 11.
9 Geuenich, Landesgeschichte, S. 11–15; Zitate ebd.
10 Finger, Kirche, S. 44–45.
11 Lieven, J., Die „Rheinische Akzentuierung" in Limburg. In: RhVjbl. 17, 1952, S. 390–398. Wintgens, Grundlagen. Lejeune, J., Land ohne Grenze. Aachen/Lüttich/Maastricht. Brüssel und Aachen 1964. Schnütgen-Museum Köln (Hg.), Rhein und Maas. Kunst und Kultur 800–1400. Eine Ausstellung des Schnütgen-Museums der Stadt Köln und der belgischen Ministerien für französische und niederländische Kultur. Köln 1972. Köln Westfalen 1180–1980. Landesgeschichte zwischen Rhein und Weser. 2 Bde. Lengerich 1980/81.
12 Geuenich, Landesgeschichte, S. 13.
13 Petri, Nordrhein-Westfalen, S. 166.
14 Geuenich, Landesgeschichte, S. 16.
15 Marynissen, A., Niederländisch und Deutsch nebeneinander im Südosten der niederländischen Provinz Limburg. In: Volkskultur an Rhein und Maas. 20. Jahrgang 2/2002, S. 41–54. Vgl. Goossens, J., De evolutie van het taalgebruik in de beide Limburgen. Eenheid en scheiding von de beide Limburgen. Leeuwarden/Maastricht 1989; Maaslandse Monographien 47. Zu den Beziehungen von niederländisch Limburg zum Deutschen Bund: Kraume, H. G.; Außenpolitik 1848. Düsseldorf 1979.
16 Cornelissen, G., Das Niederländische im preußischen Gelderland und seine Ablösung durch das Deutsche. Bonn 1986. Zum niederländischen

Einfluss am unteren Niederrhein: Gorissen, F., Kleve-Geldern. Unterschiede und Gemeinsamkeiten. In: Kalender für das Klever Land. 1975, S. 18–31. Ders., Niederrheinisch, Niederländisch, Holländisch, In: ebd. 1957, S. 19–27.
17 Wintgens, L., Sprachgeschichte des Herzogtums Limburg. Eupen 1982, S. 22–23. Schärer, M. R., Deutsche Annexionspolitik im Westen. Bern, Frankfurt am Main, Las Vegas 1978, S. 23–37, 254–274. Literatur ebd., Schreiber, Th., Die Euregio Maas–Rhein: räumliche Strukturen und Funktionen. In: Arens, D. (Hg.), Rhein–Maas–Kulturraum in Europa. Köln 1991, S. 86–102.
18 Trausch , G., Le Luxembourg à l'époque contemporaine. Luxemburg 1975/1981, S. 15–21, 28–32, 43–52, 85–92, 151–160.
19 Atlas, Karten V. 1. und V. 2. Vgl. Wirtschaftliche Mitteilungen der Niederrheinischen Industrie- und Handelskammer April 1977, S. 122. Niebaum, H., Zur niederfränkischs-niedersächsischen Sprachgrenze im Duisburger Raum. In: Zeitschrift für Dialektologie und Linguistik. Beihefte. Heft 50. Wiesbaden, Stuttgart 1985, S. 63–82; Vgl. Karten S. 69, 72.
20 Kommunalverband Ruhrgebiet (Hg.), Das Ruhrgebiet. Essen, August 1990, S. 5. Wirtschaftliche Mitteilungen der Niederrheinischen Industrie- und Handelskammer. April 1977, S. 339–341. Brepohl, Industrievolk, S. 4–7, 179–180. Ders., Aufbau, S. 151; Zitat ebd.
21 Duisburg nach der Neuordnung. Herausgegeben vom Beauftragten für die Aufgaben des Oberstadtdirektors, S. 2, 22.
22 Zitiert nach NR August 1984, S. 10.
23 Schreiben des Stadtdirektors der Stadt Dinslaken vom 30. August 1973. In: Jahrbuch Kreis Dinslaken 1974, S. 11–12.
24 Neugliederung der Kreise am Niederrhein aus der Sicht des Landkreises Moers. Bibliothek des Siedlungsverbandes Ruhrkohlenbezirk V Nr. 13297a, S. 35, 46–47; Zitate ebd., vgl. Kartenanlage F. Grundsätze der innerkreislichen kommunalen Neuordnung. Ebd., S. 7–12. Vgl. Karte im Jahrbuch Kreis Dinslaken 1974, S. 23. Zur Abgrenzung der Städte Moers und Dinslaken vom Ruhrgebiet vgl. Knoll, G. M., Der Niederrhein. Köln 1990, S. 82–83. Parent, Th., Das Ruhrgebiet. Köln, 2. Auflage 2002, S. 311–313.
25 Romeyk, H., Kleine Verwaltungsgeschichte Nordrhein-Westfalens. Siegburg 1988, S. 259–260. WAZ 24.1.2003, Regionalverband Ruhrgebiet ersetzt KVR. Karte des Verbandsgebiets, in: Kommunalverband Ruhrgebiet (Hg.), Das Ruhrgebiet. Essen, August 1990, S. 2.
26 Brepohl, Aufbau, S. 53. Ders., Industrievolk, S. 4, 9, 14. Essen im Spiegel seiner Karten, mit Geografischen Interpretationen von Oberstudienrat Dr. Kirrinnis. In: Bonczek, W., Historischer Atlas der Stadt Essen.

Essen 1966. Kapitel I. Keyser, E. (Hg.), Deutsches Städtebuch III. Stuttgart 1956, S. 158, 7.
27 Leserbriefe in den Ruhr-Nachrichten vom 7.10.1967, „Nie rheinisch" und „Fehlentscheidung"; Zitate ebd. Zum westfälischen Charakter der Stadt vgl. Sartori, P., Westfälische Volkskunde. Heidelberg 1922. Neudruck Frankfurt am Main 1980, Einleitung.
28 Keysers, E. (Hg.), Deutsches Städtebuch Bd. III. Wie Anm. 21, S. 313, 7. Fischer, W., Herz des Reviers. 125 Jahre Wirtschaftsgeschichte des Industrie- und Handelsbezirks Essen. Mülheim, Oberhausen, Essen 1965. Brepohl, Industrievolk, S. 15.
29 Krötz, W., Die Industriestadt Oberhausen. Geschichtlicher Atlas, Beiheft IV/5. Köln 1985. Broermann, K. und Seipp, W., Oberhausen – Rhld. Oberhausen 1927, S. 1, 105–106. Keyser, E. (Hg.), Deutsches Städtebuch Bd. III. Wie Anm. 21, S. 328, 329, 7.; 330, 10a.; 336. Brepohl, Industrievolk, S. 17–21.
30 Albertz, L., Faszinierende Mischung: Das „Ruhrvolk". In: WAZ 6.10. 1967, „Aus Briefen an die Redaktion".
31 Wrede, A., Volk am ewigen Strom. Essen 1935, S. 137. Brepohl, Aufbau.
32 Zitiert nach Landwehrmann, Revier, S. 97.
33 Brepohl, Aufbau, S. 34–37.
34 Landwehrmann, Revier, S. 86–87, 88.
35 Zitiert nach Rohe, K., Vom Revier zum Ruhrgebiet. Essen 1986, S. 67.
36 Lundt. B., Einleitung. In: dies., Die vergessenen Frauen an der Ruhr. Köln 1912. S. 5–6, 10.
37 WAZ vom 25.11.1975, Revier stellt sich in Brüssel vor, Handelsblatt 29.9. 1976, Revier-Schau am Dom platzt aus den Nähten. Ruhr-Nachrichten 4.6.1985, Ab 1986 alle zwei Jahre ein „Ruhrgebietstag", Zitate ebd.
38 Mihm, A., Dialekte in der Industriezone. In: Universität Duisburg. Jahrbuch 82/83, S. 40–50. König, W., dtv-Atlas zur deutschen Sprache. München 1978, Karte S. 230–231.
39 Brepohl, Industrievolk, S. 368, 377–379, 381–382. Ders., Aufbau, S. 37, 52, 53, 152–154, 162; Zitat von W. Hellpach ebd.
40 Vgl. Atlas, Karten V, 1 und V, 2.
41 Emmentaler, Sprachgrenzen, Karte S. 122. Leithaeuser, J., Volks- und Heimatkunde des Wupperlandes. Frankfurt am Main. Neudruck 1982, S. 24. Müller-Wille, Westfalen, S. 79–81.
42 Müller-Wille, Westfalen, S. 82, Kuske, B., Die allgemeine Anlage des Raumes und die natürlichen Bedingungen des Lebens und der Wirtschaft. In: Der Raum Westfalen Bd. 1. Berlin 1931, S. 31–74. Ossenberg, H., Das Bürgerhaus im Bergischen Land. Tübingen 1963, S. 11–22.
43 Müller-Wille, Westfalen, S. 374–375.

44 Brückmann, W., Probleme der Verwaltungsreform im Gebiet zwischen Emscher und Lippe. Beiträge zur Geschichte und Volkskunde des Kreises Dinslaken am Niederrhein Bd. 8. Neustadt/Eich 1969, S. 84, 85; Zitat ebd. Duisburg nach der Neuordnung. Herausgegeben vom Beauftragten für die Aufgaben des Oberstadtdirektors. Stadtbibliothek Duisburg, S. 11. Vgl. Niederrheinische Industrie- und Handelskammer Duisburg-Wesel zu Duisburg (Hg.), Wirtschaft am Niederrhein. Bd. 47 der Schriftenreihe, S. 16–17.
45 Kuske, B., wie Anm. 36, S. 50. Zur geografischen Lage Westfalens: Müller-Wille, Westfalen, S. 11–30.
46 Petri, Nordrhein-Westfalen, S. 165–166.
47 Zitiert nach ebd., S. 142–143.
48 Gutachten, S. 80–81.
49 Brepohl, Industrievolk, S. 364. Zu Westfalen vgl. ders., Lebensformen, S. 112–115.
50 Zender, M., Die kulturelle Stellung Westfalens. Nach Sammlungen des Atlas der Deutschen Volkskunde. In: Aubin, H., Petri, F., Schlenger, H., Schöller, P. (Hg.), Der Raum Westfalen Bd. IV, 2. Münster 1965, S. 60–68.
51 Mathy, H., Bundesland Rheinland-Pfalz. Von der Gründung bis zur Gegenwart. In: Heyden, Geschichte, S. 132, 143.
52 Vgl. Atlas, Karten V. 1 und V. 2.
53 Fischer, Landeskunde, S. 3. Abb. 1. Karte der naturräumlichen Gliederung S. 107, Abb. 12, S. 109–110. Negendank, J. und Richter, G., Geografische und geologische Grundlagen. Geschichtlicher Atlas der Rheinlande, Beiheft I/1–I/5. Köln 1982, S. 31, Abb. 6; S. 39–40. Die Grenze teilt den westlichen Hintertaunus in ein rheinisches und ein hessisches Gebiet. Fischer, Landeskunde, S. 107, Abb. 12. Der Mittelrheintaunus, die Unterlahnhöhen, die Nastätter Mulde und die Katzenelnbogener Hochfläche gehören zum Rheinland. Negendank und Richter, S. 39. Geschichtlicher Atlas der Rheinlande, Karte 1.5.
54 Bach, A., Die Nassauische Sprachlandschaft. Rheinisches Archiv 15. Bonn 1930, S. 18, 19, 20, 25, 49–51.
55 Fischer, Landeskunde, S. 107, Abb. 12; S. 108. Negendank und Richter. Wie Anm. 48, S. 31. Abb. 6; S. 32–35. Gesamtdarstellung der naturräumlichen Gliederung des Rheinlandes: Atlas, Karte I. 5.
56 Übersicht über die Sprachgrenzen: König, W., dtv-Atlas zur deutschen Sprache. München 1983, S. 150, 230. Rheinischer Wortatlas S. 11, Karten 4, 14, 34, 39, 48, 72, 75. Frings, Sprachgeschichte, S. 292, 294–295. – Zum Saarland: Fox, N., Saarländische Volkskunde. Saarbrücken 1979 (Neudruck), S. 127. Zu den Kreisen Birkenfeld und Bad Kreuznach: Hoffmann, W., Rheinhessische Volkskunde. Frankfurt 1980 (Neudruck), S. 111–112, Sprachkarte 1. Wrede, Volkskunde, S. 85–89. Zum Westerwald und zum

ANHANG

Vorbruch des Rheinfränkischen beiderseits des Rheins bis nördlich von Kaub; Bach, A., Die Nassauische Sprachlandschaft. Wie Anm. 49., S. 44–45.
57 Janssen, Geschichte, S. 49; Zitat ebd. Heyen, Übergang, S. 27–29 Vgl. Bauer, Lotharingien, Karten 1 und 2. Diese Grenze behielt bis heute ihre Bedeutung für die „Innerdeutsche Raumordnung". Steinbach, Räume, S. 15.
58 Küppers, Koblenz und Bonn, S. 163.
59 Lewald, U., Niederrhein liegt am Oberrhein. In: NR Februar/März 1964, S. 7.
60 Demandt, K., Die Mittelrheinlande. In: Sante, D. W. (Hg.), Geschichte der Deutschen Länder (Territorien-Ploetz) Bd. 1. Würzburg 1964, S. 185–189. Haselier, G., Sante G. W., Die Pfalz – Das Saarland. In: ebd., S. 244–258.
61 Hasselier, Sante, Die Pfalz – Das Saarland. Wie Anm. 55, S. 260–264. Metz, F., Die Pfälzische Kulturlandschaft. In: ders., Land und Leute. Gesammelte Beiträge zur Landes- und Volksforschung. Stuttgart 1961, S. 236–237.
62 Hermann, H.-W., Das Saarland. In: Territorien-Ploetz. Wie Anm. 55. Bd. 2, 352–369, 701–712. – Das Saargebiet wurde von 1946 bis 1949 um 96 Gemeinden erweitert, was seine Bevölkerung um 8 % erhöhte und seine Fläche um 34 % vergrößerte. Mathy, Rheinland-Pfalz, S. 132.
63 Kermann, Kongress, S. 118–120.
64 Küpper, Koblenz und Bonn, S. 163; Zitate ebd. Kermann, Kongress, S. 115. Petri, Zeitalter, S. 26–28, 50–52, 66, 80–83, 111–122, 126–132. Faber, Die südlichen, S. 440–443. – Zur Abgrenzung des Saarlandes vom Rheinland: Fox, N., Saarländische Volkskunde. Wie Anm. 51, S. 2–3, 103–105, 127–206. – Zur Abgrenzung des unteren Nahetals und des Raumes Rheinhessen-Pfalz vom Rheinland: Becker, A., Pfälzer Volkskunde. Bonn 1925, S. 4–5, 6., Abb. 3. Hoffmann, W., Rheinhessische Volkskunde. Wie Anm. 51, S. 13–14, 111–160.
65 Fischer, Landeskunde, S. 49; Zitat ebd.; S. 180, Abb. 23; S. 189, 190–191, 194–196, 199–100, 201. Negendank und Richter, wie Anm. 48, S. 6. Zur Orientierung der Kreise Birkenfeld und Bad Kreuznach: Rheinland-Pfalz, Deutsches Kernland. 3. Auflage Heidelberg 2001, S.411, 428. Hoffmann, K. D., Die Geschichte der Provinz und des Regierungsbezirkes Rheinhessen 1816–1985. Alzey 1985, S. 13, 19, 116.
66 Dorfey, Teilung, S. 522–523; Zitate aus der wirtschaftsgeografischen Untersuchung von Peter Schöller ebd.
67 Berechnungen nach dem Statistischen Jahrbuch für die Bundesrepublik Deutschland 2002, S. 48, 50–51. Dieser Raum entspricht im Wesentlichen dem „heute vorherrschende(n) Verständnis" vom „Rheinland", zu dem die „rheinischen Teile der Bundesländer Nordrhein-Westfalen und Rhein-

land-Pfalz" gezählt werden. Einigen Darstellungen liegt auch die ehemalige preußische Rheinprovinz zugrunde. Engelbrecht, Geschichte, S. 11.
68 Janssen, Geschichte, S. 11, 12, 68, 108, 110–111; Karten S. 59, 109. Engels, O., Atlas, Vorwort. Karten V. 1 und 2. Dorfey, Teilung S. 511–523.
69 Meisen, K., Niederland und Oberland. In: Rhvjbl. 15/16 1950/51, S. 434, 435, 439–440, 441, 444, 445, 451, 453–454, 456.
70 Frings, Sprachgeschichte, S. 259–260. Bach, Mundarten, S. 78–80. König, Atlas, S. 230.
71 Frings, Sprachgeschichte, S. 154, 251–257, 258–298. Wintgens, Grundlagen, S. 35–37, Karte 2. Bach, Mundarten, S. 78; Literaturhinweise ebd., Anm. 3. Schlosser, H. D., dtv-Atlas zur deutschen Literatur: München 1983, S. 16/17.
72 König, Atlas, S. 60, 66, 67. Wintgens, Grundlagen, S. 36; Literaturhinweise ebd., Anm. 40.
73 Bergmann, R., Zur Stellung der Rheinlande in der althochdeutschen Literatur aufgrund mittelfränkischer Glossen. In: Rhvbl. 31, 1966/67, S. 307–321.
74 König, Atlas, S. 67, 77, 78, 91. Wintgens, Grundlagen, S. 38.
75 König, Atlas, S. 76, 77, 103. Bach. Mundarten, S. 87. Zum niederländischen Einfluss am Niederrhein: Petri, F., Holländersiedlungen am klevischen Niederrhein und ihr Platz in den niederländisch-niederrheinischen Kulturbeziehungen. In: Festschrift Matthias Zender, Bonn 1971, Bd. 2. Sanders, W., Niederrheinische Mundart. Zwischen Deutsch und Niederländisch. In: Heimatbuch des Kreises Viersen 1976, S. 112–118. Wippermann, F., Niederrheinisch und Niederländisch. In: Heimatkalender für das Klever Land 1954, S. 57–60. Goristen, F:, Niederrheinisch, Niederländisch, Holländisch. Ebd. 1957, S. 19–27. Frings, Th., Lechner, G., Niederländisch und Niederdeutsch. Sitzungsberichte der Sächsischen Akademie der Wissenschaften zu Leipzig. Philosophisch-Historische Klasse Bd. 110, Heft 6. Berlin 1966, S. 21. Goossens, J., Was ist Deutsch und wie verhält es sich zum Niederländischen? Niederländische Botschaft. Bonn 1970, S. 14–19. Elmentaler, M., Die Schreibsprache des Niederrheins. In: Heimböckl, D. (Hg.), Sprache und Literatur am Niederrhein, S. 16, Abb. 1.
76 König, Atlas S. 97. Janssen, Geschichte, S. 106–108. Bach, Mundarten, S. 81–83, 84, Karte S. 85; Zitat von K. Wagner ebd. Frings, Sprachgeschichte, S. 354–355.
77 Wintgens, Grundlagen, S. 37, 42 Karte 2. Bach, Mundarten S. 81 Abb. 3, S. 84–86; Zitate ebd. Lieven, J., Die „Rheinische Akzentuierung" in Limburg. In: Rhvjbl. 17, 1952, S. 390–398. Elmentaler, wie Anm. 70.

Ders., Sprachgrenzen und Sprachschichtungen im Rheinland. In: Kortländer, „Rheinisch", S. 122, Abb. 1.
78 Frings, Sprachgeschichte, S. 294.
79 Ebd., S. 261. Ders., Germania Romana. Mitteldeutsche Studien Heft 2. Halle 1932. Kleiber, W., Die romanische Sprachinsel an der Mosel im Spiegel der Dialektwörter. In: Kurtriersches Jahrbuch 1974. Ohmann, E., Zur Kenntnis der französischen Bestandteile in den rheinischen Mundarten. In: Annales Scientiarum Fennicae B, 141, 1, 1965. Weisgerber, L., Zu den rheinischen inius-Bildungen. In: Ennen, E. und Wiegelmann, G. (Hg.), Festschrift Matthias Zender: Studien zur Volkskultur, Sprache und Landesgeschichte. Bonn 1972, Bd. 2, S. 949–967. Müller, G., Römische Lehnwörter in rheinischen Flurnamen. Zu Heinrich Dittmaier, Rheinische Flurnamen. Bonn 1963. In: ebd., S. 968ff.
80 Literatur zu Umgangssprache und Mundart. In: Cox., H. L. (Hg.), Rheinische Volkskundliche Bibliographie Bd. 1, 1950–1975. Köln 1987, S. 207–215; Bd. 2 1976–1980. Köln 1991, S. 137–141. Weisgerber, L., Die Muttersprache im Aufbau unserer Kultur. Düsseldorf, 2. Aufl. 1957. Gillessen, L., Mundart, Schicksal und Aufgabe. In: Heimatkalender des Kreises Heinsberg 1980, S. 95–100. Langensiepen, F., Rheinische Mundartdokumentation heute. In: Jahrbuch des Kreises Wesel 1983. Eichholz, R., Literatur unterhalb der Literatur: Die rheinische Mundartrichtung erwacht zu neuem Leben. In: NR Mai 1975, S. 14–15. Hoffmann, W., Rheinisches Platt wieder salonfähig. In: NR Oktober 1976, S. 12–13. Mundart wieder salonfähig? In: NR. März 1977, S. 26–27. Jacobi, K., Am Altar wird Platt gesprochen. In: NR. Februar 1989, S. 8–10. Filz, W., Denkmalschutz für rheinisches Platt? In: NR. März 1990, S. 3. Ders., Platt oben auf? Die Mundartkonjunktur und ihre Folgen. In: ebd. S. 8–10. AZ 1.4.2003., Rheinischer Dialekt weicht „Regiolekt"; Konrad Beikircher, zitiert nach ders., Et kütt wie't kütt, Köln 2001, S. 13, 14.
81 Klersch, Mentalität, S. 7.
82 Statistische Angaben berechnet nach Statistisches Jahrbuch Nordrhein-Westfalen 1997, S. 30.
83 Janssen, Geschichte, S. 30.
84 Der Erlass befindet sich im Archiv des Vatikan. Zur Eröffnung des jüdischen Museums in Berlin 2001 wurde er als Leihgabe zur Verfügung gestellt. Kirchenzeitung für das Bistum Aachen 16.9.2001. S. 13.
85 Finger, H., „Rheinische Kirche", S. 348.
86 Zender, M., Die kulturelle Stellung Westfalens. In: Aubin, H., Petri, F., Schlenger, H., Schöller, P. (Hg.), Der Raum Westfalen Bd. IV, 2. Münster 1965, S. 68–69.

87 Papst, K., Geschichtszeitschriften und Geschichtsvereine im Rheinland seit 1815. In: Düwell, K., und Köllmann, W. (Hg.), Rheinland-Westfalen im Industriezeitalter Bd. 1. Wuppertal 1983, S. 231–232.
88 Meisen, K., Grundlagen. Mitteilung über die Untersuchung der Unesco. In: Rossa, K., Partner für Genies gesucht. AVZ 15.7.1995.
89 Pirenne, H., Histoire de la Belgique Bd. I 1929, S. IX; Vgl. Dhondt, J., Histoire de la Belgique. Paris 1979, S. 5–6, 18–19.
90 Meisen, K., Grundlagen, S. 14–15.
91 Zitiert nach Wagner, J., Matthias Zender. Dem Brauchtum verpflichtet. In: NR September 1992, S. 17.
92 Zu Stefan Andres vgl. Braun, M., Stefan Andres. Leben und Werk. Bonn 1997. Verzeichnis der Werke ebd., S. 187–189. Zu Heinrich Roggendorf vgl. Hilgers, H. A., Vorwort in: Kölner Zyklen. Köln 1967. Ders., Die Mosel fließt durch Bilder und Gedanken. Köln 1983. Nachwort von P. Gabrisch ebd., S. 68–73.
93 Meisen, Grundlagen, S. 14–15.
94 Laudage, M. L., Caritas und Memoria mittelalterlicher Bischöfe. Köln, Weimar, Wien 1993, S. 13–28, 152–160, 199–222, 306–327; Zitate ebd.
95 Kastner, Kleine Geschichte, S. 31–36, 75.
96 Bischöfliches Diözesanarchiv Aachen, Pfarrarchiv Arnoldsweiler 75–12, Bl. 59. Heinen, H. (Hg.), Dr. Arnold Steffens. Aus den Briefen eines Priesters an Mutter und Geschwister. Köln 1973, S. 20. Steffens, A:, Der heilige Arnoldus von Arnoldsweiler. Aachen 1887.
97 Eimert, D., Peter Heckers Monumentalmalerei in Arnoldsweiler. In: Das Münster 27, 1974, Heft 4/S. 5, 249ff.
98 Schnitzler, Th., Was das Stundengebet bedeutet. Freiburg 1980, S. 155–156.
99 Klersch, Mentalität, S. 12–13.
100 Heers, J., Vom Mummenschanz zum Machtheater. Paris 1983. Frankfurt am Main 1986, S. 189.
101 Oelsner, W., Rudolph, R., Karneval/ohne Maske. Köln 1987, S. 172–173.
102 Ebd. S. 247. Heers, Mummenschanz. Wie Anm. 90, S. 191–193. Wrede, Volkskunde, S. 246–250. KStA 27.2.2001, Wo der Nubbel brennt.
103 Über Rituale, Umzüge, Gesellschaften und Parodien im Spätmittelalter: Heers, Mummenschanz. Wie Anm. 90, S. 197–279. Über den Kölner Karneval heute: Oelsner, Karneval. Wie Anm. 250, S. 14–27, 171–205. Über Teilnehmer aus aller Welt: KR, 27.2.2001, Auch im Karneval ist Köln multikulti. Über internationale Berichterstatter: KStA, Hoffnungslos dem Fasteleer verfallen. Über den italienischen Einfluss auf den Kölner Karneval, besonders den Rosenmontagszug: Oelsner, W., Rakoczy,

C. P., Goethe und die Narren. Vom Römischen Karneval zum Kölner Karneval. Köln 1999.
104 Brog, H., D'r Zoch kütt! Frankfurt, New York 2000, S. 109–136, 219–147; Zitat ebd., S. 8–9. Über die Zahl der jährlich geschätzten Teilnehmer in Köln und im Rheinland: KStA 8.3.2000. Fernsehen verliert Zuschauer. AZ 7.3.2000. Das Wetter meint es gut mit den Narren. KR, 28.2.2001, Karneval im Fernsehen. Ebd, 27.2.2001., D'r Zuch war das Maß aller Dinge und Themen des Tages. AN 27.2.2001, Jecke trotzten schunkelnd der Kälte.
105 Ausführungen Braudels in Bareau, J.-C., La France, va-t-elle disparaître? Paris 1979, S. 16.
106 Geiss, Europa, S. 13. Petri, Aufsätze, S. 18–19, 276–277.
107 Berechnungen nach Statistisches Jahrbuch für die Bundesrepublik Deutschland 2000, S. 48, 51, 52.
108 Ewig, E., Frühes Mittelalter, Rheinische Geschichte 1, 2, S. 9, 11.
109 Petri, Nordrhein-Westfalen, S. 148.
110 Janssen, Geschichte, S. 48. Meuthers, E., Aachen. In: LMA I, Sp. 1–3. Kaemerer, W., Geschichtliches Aachen. Aachen 1957, S.34.
111 Zitiert nach Fried., J., Wann beginnt – woher kommt die deutsche Geschichte? In: Ploetz, Deutsche Geschichte, S. 28.
112 Brühl, Geburt, S. 262: Zitate ebd.; Zusammenfassung der Diskussion über die Entstehung Deutschlands ebd., S. 261–267.
113 Schmidt, Geschichte, S. 31.
114 Parisse, M., Lotharingien. In: LMA V. Sp. 2128–2131, Bauer, Lotharingien, Karten 1 und 2. Heyen, Im Übergang, S. 28–29.
115 Janssen, Geschichte, S. 49–50.
116 Bauer, Lotharingien, S. 41–42, 640.
117 Janssen, Geschichte, S. 50–52.
118 Despy, G., Niederlothringen (Niederlotharingien). In: LMA VI, Sp. 1142–1143. Parisse, M., Lothringen (Oberlotharingien, Oberlothringen), In: LMA V, Sp. 2134–2137.
119 Janssen, Geschichte, S. 68–70. Boshoff, Ottonen, S. 5–11, 58.
120 Steinbach, Räume, S. 17–23; Zitate ebd. Janssen, Geschichte, S. 70–75.
121 Zitat in: Janssen, Geschichte, S. 68, Bauer, Lotharingien, S. 12, 21–23, 31–33, 41–42, 83, 87, 181–211, 203, 409–440, 507–528, 562–565, 587–597, 604–608; Zitate aus den Quellen und Literaturhinweise ebd.
122 Ebd., S. 41–42, 319, 640; Zitate ebd.
123 Ebd., S. 20–23, 319, 342, 640; Zitate ebd.
124 Schmidt, Reich, S. 10–13, 31.
125 Engelbrecht, Geschichte, S. 17.
126 Janssen, Geschichte, S. 97–98, 108–110.

127 Torunsky, Worringen. Köln 1988, S. 106–110. Herborn, W., 1396. Freiheit nur für Bürger – 1288–1475: Von Worringen zur Rechtsfreiheit. In: Schäfke, W. (Hg.), Der Name der Freiheit. Köln 1988, S. 329–332. Beispiele für die Selbstverwaltung in rheinischen Städten: Nordrhein-Westfälisches Hauptstadtarchiv (Hg.), Die rheinische Stadt. Kleve 1988.
128 Meisen, K., Köln und die Kölner nach alten Zeugnissen und im Munde des Volkes. In: Rheinisches Jahrbuch für Volkskunde 15/16 1964/65, S. 8–9.
129 Janssen, Geschichte, S. 51–52.
130 Schäfke, Köln, S. 25; Zitat ebd.
131 Legner, A., Kölner Heilige und Heiligtümer, Köln 2003, S. 504–505.
132 Schulten, W., Kölner Reliquien. In: Legner, A. (Hg.), Ornamenta Ecclesiae II. Köln 1985, S. 74–75.
133 Dassmann, E., Epiphanie und die Heiligen Drei Könige. In: Die Heiligen Drei Könige. Darstellung und Verehrung. Katalog zur Ausstellung. Köln 1992, S. 16–19. Borger, H., Der Kölner Dom und die Heiligen Drei Könige. In: Ebd., S. 58–60.
134 Schäfke, Köln, S. 98–99.
135 Ebd., S. 37, Legner, Heilige, wie Anm. 27, S. 108–110. Läufer, E., Lobgesang aus Stein. Köln 1999, S. 83–91.
136 Statistik der Besucherzahlen. In: KR 8.10.2002, Lokalteil Köln. Über die Wallfahrt 1998: Läufer, Lobgesang. Wie Anm. 31, S. 7, 83–86. Der „Rheinische Merkur" bezeichnete ihn als das „Rheinische Nationaldenkmal"; ebd., 10.4.1998, Titelseite.
137 Legner, Heilige. Wie Anm. 27, S. 91–93.
138 Schäfke, Köln, S. 28–29, 36, 40–41, 45–46, 48; Zitat ebd.
139 Hirschfelder, G., Die Kölner Handelsbeziehungen im Spätmittelalter. Köln 1994, S. 1–8. Zitat von Bruno Kuske ebd. S. 2; S. 398–402, 527–530. Petri, F., Das Zeitalter der Glaubenskämpfe. In: Rheinische Geschichte III, S. 160–161; ders., Nordrhein-Westfalen, S. 147; Zitat „Firmenmarke" ebd.
140 Meisen, Köln. Wie Anm. 24, S. 53–54; Quellenzitate ebd. Vgl. Louis, E., Kölnischer Liederschatz. Köln 1986.
141 Bönnen, G., Trier zwischen dem 10. und dem beginnenden 12. Jahrhundert. In: Trier II, S. 204, 215–218; Zitat ebd.
142 Hirschmann, F. H., Civitas Sancta – Religiöses Leben und sakrale Ausstattung im hoch- und spätmittelalterlichen Trier. In: Trier II, S. 450–452. Bernard B., Die Wallfahrten der St.-Matthias-Bruderschaften zur Abtei St. Matthias in Trier. Heidelberg 1995, S. 215; Zitat ebd.; S. 245–263, 278, Karte 4.
143 Hirschmann, Civitas Sancta. In: Trier II, S. 4.

ANHANG

144 Pohlsander, H. A., Der Trierer Heilige Rock und die Helena Tradition. In: Bischöfliches Generalvikariat (HG.), Der Heilige Rock. Trier 1996, S. 123–127. Iserloh, E., Der Heilige Rock und die Wallfahrt nach Trier. In: ebd., S. 163–172. Sebrich, W., Die Heilige-Rock-Ausstellungen und Heilig-Rock-Wallfahrten 1512–1765. In: ebd., S. 175–217. Reiter, E., Sonnen, B., Menschen auf dem Weg mit Christus. Die Heilig-Rock-Wallfahrt 1996. Trier 1996, S. 68–71, 156.
145 Hirschmann, Civitas Sancta. In: Trier II, S. 453–455.
146 Matheus, M., Die Trierer Universität im 15. Jahrhundert. In: Trier II, S. 532–538, 546–550.
147 Burgard, F., Auseinandersetzung zwischen Stadtgemeinde und Erzbischof (1307–1500). In: Trier II, S. 306; Zitat ebd.
148 Clemens, L., Matheus, M., Trierer Wirtschaft und Gewerbe im Hoch- und Spätmittelalter. In: Trier II, S. 501–504.
149 Bellinghausen, H., 2000 Jahre Koblenz. Boppard 1971, S. 129, 131–132.
150 Brühl, Geburt, S. 259–260; Zitate ebd.
151 Schmidt, Geschichte, S. 10–12.
152 Brühl, Geburt, S. 259–260; Zitate ebd.
153 Schmidt, Geschichte, S. 13; Zitat ebd.
154 Ebd., S. 13, 17; Zitat ebd., S. 40–41.
155 Rabe, Deutsche, S. 13; Zitat „Kernnation" ebd.; Brühl, Geburt, S. 260.
156 Schmidt, Geschichte, S. 10. Rabe, Deutsche, S. 13.
157 Schmidt, Geschichte, S. 11–12, 16–17, 33–34. Rabe, Deutsche, S. 13; Zitat ebd.
158 Schmidt, Geschichte, S. 32; Zitat ebd., S. 44–55. Zur Geschichtsinterpretation der Humanisten: Brühl, Geburt, S. 32–74.
159 Janssen, Geschichte, S. 104–108. Heyen, F.-J., Balduin von Luxemburg. In: RL IV, S. 23–36. Janssen, W., Wilhelm von Jülich. In: ebd. VI, S. 29–54.
160 Petri, Nordrhein-Westfalen, S. 141, 152, 153. Anm. 50, S. 154; Zitate ebd., Zum Begriff „saxones" vgl. Ehlers, Sachsen. In: LMA VII, Sp. 1223–1230. Johannek, P., Westfalen. In: LMA IX, Sp. 22–24.
161 Petri, Nordrhein-Westfalen, S. 149, 152; Zitate ebd.
162 Schuler, P.-J., Schwäbischer Bund. In: LMA VII, Sp. 1607–1608. Eynelt, F., Die Rheinische Einung des Jahres 1532 in der Reichs- und Landesgeschichte. Bonn 1967, S. 40.
163 Janssen, Geschichte, S. 108.
164 Schneider, A., Der Niederrheinisch-Westfälische Kreis im 16. Jahrhundert. Düsseldorf 1985, S. 227–229; vgl. Karte ebd.; Karte Schmidt, Geschichte, S. 37.

165 Köbler, G., Historisches Lexikon der deutschen Länder. München 3. Aufl. 1990, S. 282.
166 Schmidt, Geschichte, S. 13, 14.
167 Petri, Glaubenskämpfe, Rheinische Geschichte III, S. 12–13. Schmidt, Geschichte, S. 53; Zitate ebd.
168 Janssen, Geschichte, S. 171–176; Zitat ebd.
169 Schmidt, Geschichte, S. 11.
170 Janssen, Geschichte S. 177.
171 Lortz, J., Die Reformation in Deutschland, Freiburg 1982, S. 43, 57–59, 62–63; Zitate ebd.
172 Schmidt, Geschichte, S. 55–74; Zitate ebd.
173 Janssen, Geschichte, S: 103–111. Kranz, G., Thomas von Kempen. Moers 1993, S. 11–16; Lademacher, H., Die Niederlande. Berlin 1993, S. 61, 65. Petri, F., Zeitalter der Glaubenskämpfe (1500–1648). In: Rheinische Geschichte II, S. 173–175. Molitor, H., Politik zwischen den Konfessionen. In: Pohl, M. (Hg.), Der Niederrhein im Zeitalter des Humanismus. Bielefeld 1997, S. 43–45, 52.
174 Janssen, W., Kleve-Mark-Jülich-Berg-Ravensburg 1400–1600. In: Land im Mittelpunkt der Mächte. Kleve 1985, S. 39.
175 Finger, H., Reformation und katholische Reform im Rheinland. Düsseldorf 1996, S. 139. Bers, G., Wilhelm, Herzog von Kleve-Jülich-Berg. Sonderdruck der Jülicher Geschichtsblätter o.O. o.J., S. 8–9; Zitat ebd., S. 8. Vgl. Katechismus der Katholischen Kirche. Vatikanstadt und München 1993, S. 77, Nr. 160 und ebd., S. 75, Nr. 154,155. Vgl. Codex Iuris Canonici. Vatikanstadt und Kevelaer 1983, S. 342 und 343, Canon 748, Paragraph 2.
176 Finger, H., wie Anm. 18, S. 137–139.
177 Mülhaupt, E., Beiträge des „christlichen Adels deutscher Nation" im rheinischen Kirchengebiet „zu des christlichen Standes Besserung". In: Monatshefte für Evangelische Kirchengeschichte des Rheinlandes, 15. Jahrgang 1966, S. 141–180. Finger, H. Wie Anm. 18, S. 110–118, 134–135. Janssen, Geschichte, S. 165–171, 177–189, 344.
178 Berechnet nach Statistisches Jahrbuch für die Bundesrepublik Deutschland 1998, S. 48, 53, 98 und Kirchliches Handbuch, Statistisches Jahrbuch der Bistümer im Bereich der Deutschen Bischofskonferenz Bd. XXXIII 1993 und 1994. Köln 1997, S. 31. Janssen, H., Grote, U., Zwei Jahrtausende Geschichte der Kirche am Niederrhein. Münster 1998, S. 542. Zur Anzahl der Katholiken: Viele machen bei den Volkszählungen keine Angaben, so genannte „Kirchenaustritte" werden oft nur aus steuerrechtlichen Gründen vollzogen, An- und Abmeldungen bei den Pfarrämtern oft unterlassen. Dies gilt wohl für viele Einwanderer aus katholi-

schen Ländern, die weder diese Form der Statistik noch den „Kirchenaustritt" kennen. Zudem enthält das Statistische Jahrbuch der Bistümer nach eigenen Angaben nur annähernde Zahlen. Vgl. Kirchliches Handbuch 1994 Bd. XXXIII. Köln 1987, Anm. S. 25.
179 Irsigler, F. und Lassotta, A., Bettler und Gaukler, Dirnen und Henker. München 1989.
180 Schormann, G., Der Krieg gegen die Hexen. Göttingen 1991, S. 136–137, 154–157, 178–179; Zitate ebd. und in: Nigg, W., Friedrich Spee. Paderborn 1991, S. 67.
181 Janssen, Geschichte, S. 183–197, 121–217, 245–245; Zitate ebd.
182 Ploetz, R., Die Ursprünge der Wallfahrt zur „Consolatrix Afflictorum" in Kevelaer. In: Henckens, J., Schulte-Staade, R. (Hg.), Consolatrix Afflictorum. Das Marienbild zu Kevelaer Bd. I. Kevelaer 1992, S. 206–224. Dohms, P., Die Geschichte der Wallfahrt nach Kevelaer. In: ebd., 226–274. Heckens, J., „Gelobt seist du, Maria" Zu Heinrich Heines und HAP Grieshabers „Wallfahrt nach Kevelaer". In: ebd., S. 756–781. Zahlenangabe nach WDR-Videotext, Nachrichten 1.5.1999.
183 Dohms, P., Die Wallfahrt nach Klausen in Geschichte und Gegenwart. In: Persch, M., Embach, M., und Dohms, P. (Hg.), 500 Jahre Wallfahrtsgeschichte Klausen. Mainz 2003, S. 9–12.
184 Janssen, Geschichte, S. 118–127, 77–80, 98–102, 108–131.
185 Zu Begriff und Verbreitung von Absolutismus und Despotismus: Bluche, F., Le dépotisme éclairé. Paris 1969. Zur Situation im Rheinland: Braubach, M., Vom Westfälischen Frieden bis zum Wiener Kongress (1648–1815). In: Rheinische Geschichte 2, S. 219–365. Janssen, Geschichte, S. 220–228.
186 Zitiert nach Hansen, Rheinländer, S. 304.
187 Becker, H.-J., Rheinisches Recht. In: Erler, A. und Kaufmann, E. (Hg.), Handwörterbuch zur deutschen Rechtsgeschichte Bd. 4. Berlin 1990, S. 1021–1026.
188 Zitiert nach Wrede, Volkskunde, S. 1.
189 Zitiert nach Hansen, Rheinländer, S. 288–290.
190 Wrede, Volkskunde, S. 1.
191 Janssen, Geschichte, S. 102; Zitate ebd.
192 Braubach, M., Vom Westfälischen Frieden bis zum Wiener Kongress (1648–1815). In: Rheinische Geschichte II, S. 295–301, 313–326.
193 Dumont, Befreiung, S. 9–100. Andreae U., Die Rheinländer, die Revolution. Heckens, J., Die Marienwallfahrt und Kirchengemeinde Kevelaer 1933–1945. Schulte Staade, R., Consolatrix Afflictorum. Kevelaer 1992, S. 416–440. Dohms, P., Die Wallfahrt nach Klausen in Geschichte und Gegenwart. Wie Anm. 183, S. 24–27. – Zur Aachener Heiligtumsfahrt

1937: Edmunds, P., Der stumme Protest. Aachen o.J. (1962). – Zur Arnoldusoktav 1936: Katholische Kirchenzeitung für das Bistum Aachen, Dekanat Düren I, 26.7.1936. St. Arnoldus-Oktav 1936. Dürener Zeitung, 21.7.1936, Abschluss der Jubiläums-Festoktav in Arnoldsweiler. Gebetbüchlein für die Pilger zum Grabe des heiligen Arnoldus in Arnoldsweiler. Ebd. 1936, S. 25, Strophe 9 und 10; Zitate ebd. Pfarrarchiv Arnoldsweiler Nr. 6/74.05.
194 Dreher, B., 1794 Freiheit, Gleichheit, Brüderlichkeit. In: Schäfke, W. (Hg.), Der Name der Freiheit, 1288–1988. Köln 1988, S. 488–497.
195 Dumont, Befreiung, S. 105.
196 Braubach, Frieden. Wie Anm. 88, S. 331–332. Raab, H., Joseph Görres (1776–1848). In: Rheinische Lebensbilder 8, S. 183–204. Zitat ebd.
197 Zitiert nach: ebd., S. 122–123.
198 Janssen, Geschichte, S. 261–262, 265–267.
199 Graumann, S., Französische Verwaltung am Niederrhein. Essen 1990, S. 234; Zitat von d'Hame ebd.
200 Dumont, Befreiung, S. 108.
201 Bergeron, L., L'Episode napoleonien. In: Nouvelle Histoire de la France Contemporaine 4, Paris 1972, S. 32–64, 95–118. Janssen, Geschichte, S. 253.
202 Dumont, Befreiung, S. 109–110.
203 Dumont, Befreiung, S. 108–109.
204 Braubach, Frieden. Wie Anm. 88, S. 340–341; Zitat Wyttenbachs ebd.
205 Dumont, Befreiung, S. 108.
206 Padtberg, B.-C., Die rheinisch-preußische Geschichte zwischen 1815 und 1915 im Spiegel der Veröffentlichungen seit dem Ersten Weltkrieg. Ein Forschungsrückblick. In: Hansen, J., Preußen und das Rheinland, Neudruck Köln 1990.
207 Janssen, Geschichte, S. 11, 264, 273.
208 Faber, Rheinlande, S. 195. Janssen, Geschichte, S. 12.
209 Faber, Rheinlande, S. 200.
210 Koltes, M., Das Rheinland zwischen Frankreich und Preußen. Köln, Weimar, Wien 1992, S. 491–495. Zitate in: Hansen, Preußen. Wie Anm. 102, S. 18, 56, 150, 170.
211 Zitiert nach Janssen, Geschichte, S. 272.
212 Bismarck, O. von, Gedanken und Erinnerungen. Vollständige Ausgabe. Nachdruck Essen o.J., S. 53. Dürener Volkszeitung 22.9.1895.
213 Zitiert nach Petri, F., Preußen und das Rheinland. In: Först, W. (Hg.), Das Rheinland in preußischer Zeit. Köln und Berlin 1965. S. 43–44.
214 Zitiert nach Poll, B., Preußen und die Rheinlande. In: ZAGV 76, 1964, S. 39.

215 Hansen, Akten I, S. 418–420. Akten II, S. 123–125, 596–599; Zitate ebd.
216 Zitiert nach Lademacher, H., Die nördlichen Rheinlande. In: Rheinische Geschichte II, S. 598.
217 Hansen, Akten I, S. 418–420. Akten II, S. 123–125, 596–599; Zitate ebd.
218 Janssen, Geschichte, S. 355–359.
219 Zitiert nach Lademacher, Die nördlichen. Wie Anm. 111, S. 582.
220 Zitiert nach Hommel, E., Der Kölner Konrad Adenauer. Köln o.J. (nach 1974), S. 28.
221 Zitiert nach Faber, Rheinlande, S. 196, 201, 202.
222 Hansen, Akten I, S. 145–146, 530–531, 546. Akten II, S. 87; Zitate ebd.
223 Heine, Heinrich, Deutschland. Ein Wintermärchen. Stuttgart 1994, S. 15.
224 Kober, A., Aus der Geschichte der Juden im Rheinland. In: Wiesemann, F., Zur Geschichte und Kultur der Juden im Rheinland. Düsseldorf 1985, S. 11–18. Kastner, D., Der Rheinische Provinziallandtag und die Emanzipation der Juden im Rheinland 1825–1845. Teil 1. Köln 1989, S. 7; Zitate ebd.
225 Dürwell, Judenpolitik, S. 56, 79, 80–81; Zitate ebd. Blaschke, O., Katholizismus und Antisemitismus im deutschen Kaiserreich. Göttingen 1997. Engelbrecht, Geschichte S. 17–18.
226 Bodensiek, K. H., Rheinische Parallelen. In: NR 65 Dezember/Januar 1969. Bilz, F./Schmidt, K. (Hg.), Das war 'ne heiße Märzenzeit. Revolution im Rheinland 1848/49. Köln 1998, S. 175–176. Boberach, H., Die Loslösung von Preußen als Revolutionsforderung. In: Dascher, O. und Kleinertz, E. (Hg.), Petitionen und Barrikaden. Rheinische Revolutionen 1848/49. Münster 1998, S. 131–133.
227 Haupts, L., Der Kölner Dom und das preußisch-deutsche Kaiserreich. In: Dann, O., Der Kölner Dom im 19. Jahrhundert. Köln 1983, S. 163. Höroldt, D., Preußische Konfessionspolitik am Rhein im 19. Jahrhundert. In: Monatshefte für Evangelische Kirchengeschichte im Rheinland 1982, S. 145–147, 150–158.
228 Wolff, A., Die Vollendung des Doms im 19. Jahrhundert. In: Ders., Diederich, T. (Hg.), Das Kölner Dom Lese- und Bilderbuch. Köln 1990, S. 46–52; Kostenanteil Preußens berechnet nach Tabelle S. 46. Corsten, A.-M., Das Dombaufest von 1880. In: ebd., S. 53–62. Haupts., L., Der Kölner Dom. Wie Anm. 121, S. 162–164, 167.
229 Engelbrecht, Geschichte, S. 24–25.
230 Lademacher, H., Die nördlichen. Wie Anm. 111, S. 693. Zum Waffenstillstandsvertrag: Krummacher, F. A. und Wucher A., Die Weimarer Republik. Wiesbaden 1965, S. 45, 55, 58.
231 Zitiert nach Köhler, Adenauer, S. 96–97.

232 Presseerklärungen und Berichte in der Zeitungsausschnittssammlung der Zentralstelle des Hamburgischen Kolonialinstituts über den rheinischen Separatismus im Hauptstaatsarchiv Düsseldorf, Signatur RWS „Wirtschaftsarchiv Rheinlandbesetzung". Bericht Adenauers vor den linksrheinischen Abgeordneten der deutschen Nationalversammlung am 1.2.1919. In: Schwarz, H. P. (Hg.), Konrad Adenauer, Reden 1917–1967. Stuttgart 1975, S. 30–37. Reimer, K., Rheinlandfrage und Rheinlandbewegung (1918–1933). Frankfurt am Main, Berlin, Las Vegas 1979.
233 Niederschrift des Reichstagsabgeordneten Erkelenz. HSD, RW 7–1, Bl. 17, 21.
234 Winkler, H. A., Weimar 1918–1933. Die Geschichte der ersten deutschen Demokratie. München 1993, S. 287.
235 Zit. nach Schulze, H., Weimar. Deutschland 1917–1933. Berlin 1982, S. 234.
236 Bracher, K. D., Die deutsche Diktatur. Entstehung, Struktur, Folgen des Nationalsozialismus. Frankfurt, Berlin, Wien 1979, S. 48–142. Thamer, H. U., Verführung und Gewalt, Deutschland 1933–1945. Berlin 1986, S. 57–147.
237 Wahlergebnisse berechnet nach der Statistik des Deutschen Reiches Bd. 52, S. 539. Statistisches Landesamt Nordrhein-Westfalen (Hg.), Beiträge zur Statistik des Landes Nordrhein-Westfalen. Düsseldorf 1969. Heft 244, S. 36–51. Die Wahlergebnisse beziehen sich auf die Rheinprovinz ohne die Ruhrstädte Duisburg, Oberhausen, Mülheim, Essen und das Saargebiet.
238 Schulz, K., Der Rheinische Provinziallandtag 1875–1933. Neustadt an der Aisch 1967. Bergische Forschungen Bd. VI, S. 39. Liste ebd. – Zur DNVP: Ebd., S. 126–128. Neumann, S., Die Parteien der Weimarer Republik. Berlin, Köln, Mainz 1965, S. 61–66. Die rheinische DNVP ist kaum erforscht. Hinweise auf ihre Kommunalpolitik in: Hüttenberger, P., Die Industrie- und Verwaltungsstadt. In: Weidenhaupt, H. (Hg.), Düsseldorf Bd. III. 1989, S. 306–313. Golecki, A., Vom Ersten Weltkrieg bis zum Ende der Weimarer Republik. In: Energieversorgung Mittelrhein GmbH (Hg.), Geschichte der Stadt Koblenz Bd. 2. Stuttgart 1993, S. 133–136. Staatz, P., Die Reichs- und Landtagswahlen im Kreis Düren während der Weimarer Republik. Phil. Diss. Bonn 1994, S. 344–345.
239 Berechnungen wie Anm. 131.
240 Bracher, Schulz, Sauer, Die nationalsozialistische Machtergreifung, Bd. 1. Bracher, K. D., Stufen der Machtergreifung. Köln und Opladen 1983, S. 128–144; Zitat von Goebbels ebd.
241 Die Wahlergebnisse wurden berechnet nach: Statistik des Deutschen Reiches Bd. 52, S. 540–541 und Beiträge zur Statistik des Landes Nordrhein-Westfalen. Wie Anm. 131, S. 52–55.

242 Vgl. Lademacher, H., Mit Ley und Goebbels, Strasse und Terboven, Florian und Grohé und vielen anderen. Das Rheinland im Dritten Reich. In: NR April 1983, S. 8–11. Heyen, F.-J., Nationalsozialismus bei uns. In: Vorzeiten Bd. II. Mainz 1986, S. 219–236.
243 Weiß, H. (Hg.), Biographisches Lexikon zum Dritten Reich. Frankfurt am Main 2002. Berechnungen nach ebd.
244 Hill, R., Katholische Kirche und Nationalsozialismus – Versuch einer Bilanz mit besonderer Berücksichtigung der Rheinprovinz. In: Boonen, Ph., Lebensraum Bistum Aachen. Aachen 1982, 140–176. Fettweis, K., Zwischen Herr und Herrlichkeit. Aachen 1999; Trippen, N., Joseph Teusch (1902–1976). In: Rheinische Lebensbilder 15, S. 223–246. – Zur Bedeutung von Prozessionen und Wallfahrten als Manifestation der Opposition gegen die NS-Diktatur; Peglow, St., Die Krefelder Fronleichnamsprozession. In: Geschichte im Bistum Aachen Bd. 3, S. 181, 209–213.
245 Beispiele für Oppositionsgruppen im Rheinland: Schubert, K., Fluchtweg Eifel. Köln und Zürich 1992. Ginzel, Günther, B. (Hg.), „... Das durfte keiner wissen!" Hilfe für Verfolgte im Rheinland 1933–1945. Bonn 1995.
246 Hansen, Preußen. Wie Anm. 102, S. 246–247.
247 Vgl. Heyen, F.-J., Preußen und das Rheinland. In: Vor-Zeiten Bd. 1. Mainz 1985, S. 191–194, 202. Petri, F., Preußen und das Rheinland. In: Först, W. (Hg.), Das Rheinland in preußischer Zeit. Köln 1965, S. 66–67.
248 Schlenke, M., Vom Ende und Fortleben Preußens. In: ders. (Hg.), Preußen Plötz, S. 262–272. Stamm-Kuhlmann, Th., Die Hohenzollern. Berlin 1995, S. 228–229.
248a Zitiert nach Szulc, T, Papst Johannes Paul II. Stuttgart 1996, S. 368. Zur Diktatur der Preußenkönige im 18. Jahrhundert: Barudio, G., Das Zeitalter des Absolutismus und der Aufklärung 1648–1749. Frankfurt am Main 1981. Bracher, K. D., die deutsche Diktatur. Frankfurt am Main 1979, Lenk K., Meuth G., Otten, H. R., Vordenker der Neuen Rechten. Frankfurt 1997.
249 Ellwein, Th. und Bruder, W. (Hg.), Ploetz. Die Bundesrepublik Deutschland. Freiburg, Würzburg 1985, S. 60–62, 63, 66–67, 69.
250 Zitiert nach Schwarz, Ära Adenauer II, S. 71. Pommerin, Berlin, S. 136–138.
251 Pommerin, Berlin, S. 133–138, 174–195, 210–219; Zitate ebd.
252 Adenauer, Briefe 1947–1949, Nr. 842, S. 231.
253 Ebd., Nr. 132, S. 135.
254 Poppinga, Adenauer, S. 166; Zitat ebd.

255 Poppinga, A., „Das Wichtigste ist der Mut". Konrad Adenauer – die letzten fünf Kanzlerjahre. Bergisch Gladbach 1994, S. 280–281, 566, Anm. 31–34; Zitat ebd.
256 Poppinga, Adenauer, S. 191–194, 195; Zitate Adenauers ebd.
257 Poppinga, Adenauer, S. 195–197; Zitat ebd.
258 Poppinga, Adenauer, S. 198–199; Zitat ebd.
259 Adenauer, Erinnerungen I, S. 45–46.
260 Adenauer, Teegespräche 1959–1961, S. 357.
261 Poppinga, Adenauer, S. 206–207; Zitat ebd.
262 Adenauer, Teegespräche 1961–1963, S. 348.
263 Hürten, Patriotismus, S. 32.
264 Adenauer, Reden 1917–1967, S. 39.
265 Adenauer, Teegespräche 1961–1963, S. 190.
266 Adenauer, Reden 1917–1967, S. 484–485, 487, 489.
267 Adenauer, Erinnerungen I, S. 255.
268 Zu den Beziehungen zwischen Rheinländern und Polen im Hochmittelalter: Lewald, U., Die Ezzonen. Das Schicksal eines rheinischen Fürstengeschlechts. In: RhVjbl. 43, 1979, S. 126–128, 132–133, 138–139, 143–149. Zentrumspartei, Kulturkampf und Polenfrage: Nipperdey, Th., Deutsche Geschichte 1866–1918 Bd. II. München 1992, S. 226–281, 371–374.
269 Wahl, J., „Sagen Sie Adenauer, er soll nur ja hart bleiben". Am Karfreitag 1957 begann ein bislang unbekanntes Kapitel zwischen Bonn und Warschau. Im Rheinischen Merkur enthüllt der damalige Emissär Klaus Otto Skibowski erstmals seine aufregende Mission." In: RM 15.9.1995, S. 4; Zitate ebd.
270 Düwell, Judenpolitik. Zitat ebd.; Zitat, ebd., S. 56. Weitere Belege zur Aussöhnung mit den Juden in: Adenauer, „Seid wach ...", S. 345–355.
271 Zitiert nach Köhler, Adenauer, S. 570.
272 Vgl. Petri, Nordrhein-Westfalen, Faber, Rheinlande, S. 194–210.
273 Zitiert nach Osterheld, Adenauer, S. 167.
274 Rhöndorfer Gespräche Bd. 2, S. 45.
275 Adenauer, Teegespräche 1961–1963, S. 183; vgl. ebd. S. 31.
276 Küsters, Kriegsende, S. 24, 35, 200–201; Zitate ebd.
277 Adenauer, Briefe 1945–1947, Nr. 127 A, S. 130, vgl. ebd. Nr. 475 B, S. 435.
278 Pommerin, R., Die Alliierten und das Rheinland vom Beginn des Zweiten Weltkrieges bis zur Gründung der Bundesrepublik Deutschland. In: Bonner Geschichtsblätter 41. Bonn 1991, S. 12–34; Zitate ebd., Pommerin, Berlin, S. 36–38, 54–61. Adenauer, Briefe 1947–1949, Nr. 969, S. 318.

279 Fischer, H., Rheinland-Pfalz und Saarland. Eine geografische Landeskunde. Darmstadt 1989, S. 49.
280 Pommerin, Berlin, S. 200–206; Zitat Dönhoff ebd., Bucerius, G., Der Adenauer. Hamburg 1976, S. 43. Schwarz, Ära Adenauer II, S. 73–75.
281 Hillgruber, A., Westorientierung – Neutralitätsüberlegungen – Gesamtdeutsches Bewusstsein. Ein Statement. In: Köhler, H. (Hg.), Deutschland und der Westen. Berlin 1984, S. 159–168.
282 Baring, A., Außenpolitik, S. 49, 50, 62, 334. Vgl. Poppinga, Adenauer, S. 164–170.
283 Jäger, W., Die Innenpolitik der sozial-liberalen Koalition 1969–1974. In: Bracher, K. D. (Hg.), Republik im Wandel 1969–1974. Die Ära Brandt, S. 24–25; Zitat ebd.; Görtemaker, Bundesrepublik, S. 505–515. Bender, P., Der Wille zur Einheit. In: ZE 41, 4.10.1996, S. 25.
284 Zitiert nach Greiffenhagen, M., Die Aktualität Preußens. Frankfurt am Main 1981, S. 12.
285 Zitiert nach Schulze, H., Wir sind was wir geworden sind. München 1987, S. 167–168.
286 Greiffenhagen, Aktualität. Wie Anm. 60, S. 11.
287 Zitiert nach Böll, V. (Hg.), Böll und Köln. Köln 1990, S. 163.
288 Herles, Geteilte Freude, S. 65–70. Glotz, P., Wider den Feuilleton-Nationalismus. In: ZE Nr. 17, 19.4.1991.
289 Zitat von Meckel in: Herles, Debatte, S. 65. Vgl. Croon, G., Der rheinische Provinzialtag bis zum Jahre 1874. Neudruck Berlin 1974; Zitat ebd., S. 15.
290 Zitiert nach Herles, Debatte, S. 38–40.
291 Zitiert nach SP 1/1992, S. 58. Scholl-Latour, P., Schlaglichter der Weltpolitik. München 1997, S. 224.
292 RP 4.10.1990, Das Rheinland pflanzte viele Bäume, Zitat ebd.; Deckers, H., Bonn nahm Abschied als Hauptstadt. In: ebd.
293 KR 4.10.1990, Brücke zu Europa.
294 Jäger, W., Die Überwindung der Teilung. Stuttgart 1998, S. 505–507. Schäuble, W., Der Vertrag. Wie ich über die deutsche Einheit verhandelte. Stuttgart 1991, S. 131–132. Dollinger, H. (Hg.), Die Bundesrepublik in der Ära Adenauer. München 1966, S. 33. Weber, H., Die DDR 1945–1986. München 1988, S. 58–59, 92.
295 Nach dem Votum geordnete Namensliste, in: Herles, Debatte, S. 289–296. Wohnorte und Angaben zur Biographie der Abgeordneten in: Amtliches Handbuch des Deutschen Bundestages, 12. Wahlperiode. Stand: 9.1.1992.
296 Mitteilungen der Abgeordneten Hans-Jochen Vogel und Jochen Feilke. Herles, Debatte, S. 65.

297 AZ 28.9.1996, S. 1, Zusage an Bonn gekippt: Bundesrat zieht nach Berlin.
298 Hoffmann, Volk, S. 38–39.
299 Kölner, S. 9–10.
300 Hoffmann, Volk, S. 51–53.
301 Kölner, S. 46–48, 66, 67, 73, 75, 78–79, 80–81.
302 Brüser, W. und Meyer, Th., Ein Zipfel Köln am Mantel der Geschichte. In: KStA 21.6.1999, S. 2. Grabitz, M., Kölner bereiteten Billy eine „Loveparade". In: KR 21.6.1999. Ebd., Dank für die Friedensarbeit, Zitat von Kardinal Meisner ebd., und in: Pfaff, E., Gebet und Inspiration. KStA 21.6.1999, S. 11.
303 KR 21.6.1999, Riesenlob vom Bundeskanzler; Kanzler dankte den Kölnern; Widmung von Chirac; Das ist ja fast wie im Karneval; Zitate ebd.; Schneider, B., Gipfel-Gäste. Interview mit Jim Hoagland. In: KStA 21.6.1999, S. 10.
304 Dorfey, Teilung, S. 213–215, 218–219, 220, 550; Zitate ebd.
305 Romeyk, H., Weder Vergrößerung noch Teilung. In: Geschichte im Westen 2, 1989, S. 222, Dokument Nr. 1.
306 Ebd., S. 221.
307 Mölich, G., Landesbewusstsein. In: Nordrhein-Westfalen. Landesgeschichte im Lexikon. Düsseldorf 1993, S. 251; weitere Literaturhinweise, ebd.
308 Zur Gründung des Landes Nordrhein-Westfalen: Hüttenberger, P., Nordrhein-Westfalen und die Entstehung seiner parlamentarischen Demokratie. Siegburg 1973, S. 220–221. Steininger, R., Ein neues Land an Rhein und Ruhr. Köln 1990. Adenauers Argumente für die Bildung des Landes in: ders., Erinnerungen I, S. 88–103. Zur französischen Politik: Dorfey, Teilung, S. 140–334.
309 Hüttenberger, Nordrhein-Westfalen, wie Anm. 217, S. 522–532. Treppe, K., Landschaftsverbände, in: Nordrhein-Westfalen. Landesgeschichte im Lexikon. Düsseldorf 1993, S. 257–259. Dorfey, Teilung, S. 476–479. Klausa, U., 40 Jahre im Dienst der Bürger des Rheinlandes. Vorgeschichte, Anfänge und erste Entwicklungsschritte des Landschaftsverbandes Rheinland. In: NR September 1993, S. 5–13. Lademacher, H., Von den Provinzialständen zum Landschaftsverband. Köln 1973.
310 Mathy, Rheinland-Pfalz, S. 166–167; Zitate ebd.; Dorfey, Teilung, S. 534.
311 Staatskanzlei (Hg.), Rheinland-Pfalz heute und morgen. Mainz o.J., S. 76, S. 77–79, 116–117. Vgl. Janssen, Geschichte, S. 409.
312 Dorfey, Teilung, S. 139, 497–523. Zitate aus den Gutachten über ein rheinisches Bundesland ebd. S. 359, 445. Der Historiker Franz Petri bezeichnet Nordrhein-Westfalen als „eine politische Neuschöpfung in einem ganz bestimmten Moment unserer Geschichte". Es sei nicht das

„Ergebnis einer langen eindeutig auf diese Ziel hin gerichteten politischen Entwicklung". Auch das Ruhrgebiet habe den Zusammenschluss des Niederrheins mit Westfalen nicht erfordert, denn die bestehenden Zweckverbände hätten ausgereicht, um die notwendigen Gemeinschaftsaufgaben wirksam zu erfüllen. Petri, Nordrhein-Westfalen, S. 74.
313 Wrede, Volkskunde.
314 Brühl, Geburt, S. 268–271; Zitate ebd.
315 Petri, Nordrhein-Westfalen, S. 141, 143, 148.
316 Georges, H., Ausführliches Lateinisch-Deutsches Handwörterbuch. Darmstadt, Nachdruck 1998. Bd. II, Sp. 1782–1783.
317 Beispiele in: Kölner, S. 46–47, 67, 72–75, 80–81, 92–95.
318 Braudel, Grammaire des Civilisations. Paris 1987, S. 43–45.
319 Finger, Kirche, S. 32–35.
320 Klersch, Mentalität, S. 8–9.
321 Engelbrecht, Geschichte, S. 17.
322 Zitiert nach Dupré, W. (Hg.), In jedem Namen wird genannt, was unnennbar bleibt. Wegmarken im Denken des Nikolaus von Kues. Maastricht 2001, S. 93, 122–123.
323 Englisch, A., Johannes Paul II. München 2003, S. 206–209.
324 Kardinal Frings zitiert nach Froitzheim, D., Kardinal Frings. Leben und Werk, Köln 1979, S. 318. Zitat von Wolfgang Herles, Geteilte Freude, S. 232–233. Vgl. Katechismus der Katholischen Kirche. München 1993 Nr. 1892 und 1894. Evangelischer Erwachsenenkatechismus. Gütersloh 1989, S. 731, 734, 736, 745.
325 Braudel, Grammaire wie Anm. 318, S. 66, 67.
326 Brühl, Geburt, S. 270, Anm. 173.
327 Grossrichard, F., La richesse comparée des 196 régions d'Europe. In: Le Monde 14.8.1998, S. 8; vgl. ebd., S. 1.

Abkürzungsverzeichnis

AHVNrh	Annalen des Historischen Vereins für den Niederrhein
Anm.	Anmerkung
Art.	Artikel
AVZ/AZ	Aachener Volkszeitung/Aachener Zeitung
Bd.	Band
CDU	Christliche-Demokratische Union
CSU	Christliche-Soziale Union
DDP	Deutsche Demokratische Partei
DDR	Deutsche Demokratische Republik
DNVP	Deutschnationale Volkspartei
DVP	Deutsche Volkspartei
DW	Die Welt
DWE	Die Woche
Ebd.	Ebenda
FAZ	Frankfurter Allgemeine Zeitung
FDP	Freie Demokratische Partei
GG	Grundgesetz
Hg.	Herausgeber
HSD	Hauptstaatsarchiv Düsseldorf
KR	Kölnische Rundschau
KStA	Kölner Stadt-Anzeiger
KPD	Kommunistische Partei Deutschlands
NATO	North Atlantic Treaty Organization
NS	Nationalsozialistisch
NSDAP	Nationalsozialistische Deutsche Arbeiterpartei
RM	Rheinischer Merkur
RP	Rheinische Post
RhVjbl.	Rheinische Vierteljahresblätter
SED	Sozialistische Einheitspartei Deutschlands
SP	Der Spiegel
Sp.	Spalte
SPD	Sozialdemokratische Partei Deutschlands
StBKAH	Stiftung Bundeskanzler-Adenauer-Haus
SZ	Süddeutsche Zeitung
WAZ	Westdeutsche Allgemeine Zeitung
WEU	Westeuropäische Union
ZE	Die Zeit
ZAGV	Zeitschrift des Aachener Geschichtsvereins

Abgekürzt zitierte Quellen und Literatur

Adenauer, Teegespräche: Adenauer, K., Teegespräche. Herausgegeben von R. Morsey und H.-P. Schwarz. Bearbeitet von H.-J. Küsters und H. P. Mensing. 4 Bde. 1950–1963. Berlin 1984, 1986, 1988, 1992.

Adenauer, Briefe: Adenauer, K., Briefe. Herausgegeben von R. Morsey und H.-P. Schwarz. Bearbeitet von H. P. Mensing. 4 Bde. 1945–1953. Berlin 1983, 1984, 1985, 1987.

Adenauer, „Seid wach": Adenauer, K., „Seid wach für die kommenden Jahre". Grundsätze, Erfahrungen, Einsichten. Herausgegeben von A. Poppinga. Bergisch Gladbach 1997.

Adenauer, Erinnerungen I–IV: Adenauer, K., Erinnerungen. 4 Bde. Stuttgart 1965–1968.

Adenauer, Reden: Adenauer, K., Reden 1917–1967. Eine Auswahl. Herausgegeben von H.-P. Schwarz. Stuttgart 1975.

Adenauer, Demokratie: Adenauer, K., „Die Demokratie ist für uns eine Weltanschauung". Reden und Gespräche 1946–1967. Herausgegeben von Felix Becker. Köln, Weimar, Wien 1998.

Atlas: Gesellschaft für Rheinische Geschichtskunde (Hg.), Geschichtlicher Atlas der Rheinlande. Köln 1982 ff.

Bach, Mundarten: Bach, A., Die Mundarten des Niederrheins. In: Nachrichtenblatt für rheinische Heimatpflege 3, 1931/32, S. 78–89.

Bauer, Lothringien: Bauer, Th., Lothringien als historischer Raum. Köln, Weimar, Wien 1997.

Brepohl, Industrievolk: Brepohl, W., Vom Industrievolk an der Ruhr. Essen 1957.

Brepohl, Lebensformen: Brepohl, W., Verwandlung westfälischer Lebensformen im Ruhrgebiet. In: Aubin, H., Petri, F., Schlenger, H., Schöller, P. (Hg.), Der Raum Westfalen Bd. IV, 2: Wesenszüge seiner Kultur, zweiter Teil. Münster 1965, S. 72–121.

Brepohl, Aufbau: Brepohl, W., Der Aufbau des Ruhrvolkes im Zuge der Ost-West-Wanderungen. Mühlhausen 1948.

Brühl, Geburt: Brühl, C., Deutschland-Frankreich. Die Geburt zweier Völker: Köln, Wien 1990.

Dorfey, Teilung: Dorfey, B., Die Teilung der Rheinprovinz und die Versuche zu ihrer Wiedervereinigung (1945–1956). Pulheim-Brauweiler 1993.

Dumont, Befreiung: Dumont, F., Befreiung oder Fremdherrschaft? In: Hüttenberger, P., Molitor, H. (Hg.), Franzosen und Deutsche am Rhein 1789–1918–1945. Essen 1989, S. 91–112.

Düwell, Judenpolitik: Düwell K., Die Rheingebiete in der Judenpolitik des Nationalsozialismus vor 1942. Bonn 1968.

Abgekürzt zitierte Quellen und Literatur

Emmentaler, Sprachgrenzen: Emmentaler, M., Sprachgrenzen und Sprachschichtungen im Rheinland. Zur sprachlichen Genese des „Rheinischen". In: Kortländer, „Rheinisch", S. 119–144.

Engelbrecht, Geschichte: Engelbrecht, J., Geschichte am Rhein – Versuch einer Annäherung. In: Boldt, H., Hüttenberg, P., Molitor, H., Petzina, D. (Hg.), Der Rhein. Köln 1988, S. 11–26.

Faber, Rheinlande: Faber, K.-G., Rheinlande und Rheinländer. In: Droege, G., Schöller, P., Schützeichel, R., Zender, M. (Hg.), Landschaft und Geschichte. Festschrift für Franz Petri. Bonn 1970. S. 194–210.

Finger, Kirche: Finger, H., „Rheinische Kirche" – Kirche im Rheinland. In: Kortländer, „Rheinisch", S. 29–52.

Fischer, Landeskunde: Fischer, H., Rheinland-Pfalz und Saarland. Eine geografische Landeskunde. Darmstadt 1989.

Frings, Sprachgeschichte: Frings, Th., Rheinische Sprachgeschichte. In: Aubin, H., Frings, Th., Hansen, J., Hashagen, J., Koepp, F., Kuske, B., Levision, W., Platzhoff, W., Renard, E. (Hg.), Geschichte des Rheinlandes von der ältesten Zeit bis zur Gegenwart. Bd. 2. Essen 1922, S. 251–298.

Geiss, Europa: Geiss, I., Europa – Vielfalt in der Einheit. Mannheim 1993.

Geuenich, Landesgeschichte: Geuenich, D., Landesgeschichte – Regionalgeschichte – „Rheinische Geschichte". In: Kortländer, „Rheinisch", S. 9–22.

Gutachten: Die Neugliederung des Bundesgebietes. Gutachten des von der Bundesregierung eingesetzten Sachverständigenausschusses. Herausgegeben vom Bundesminister des Innern. Bonn, Köln, Berlin 1955.

Hansen, Rheinländer: Hansen, J., Rheinland und Rheinländer. In: Westdeutsche Monatshefte für das Geistes- und Wirtschaftsleben I (1925), S. 273–312.

Hansen, Akten I und II: Hansen, J., Rheinische Briefe und Akten zur Geschichte der politischen Bewegung 1830–1850. Bd. I 1830–1845. Essen 1919. Bd. II 1846–1850. Erste Hälfte (Januar 1846 bis April 1848).

Herles, Debatte: Herles, H. (Hg.), Die Bundestagsdebatte. Der stenografische Bericht des Bundestages. Bonn, Berlin 1991.

Heyen, Geschichte: Heyen, F.-J. (Hg.), Geschichte des Landes Rheinland-Pfalz. Freiburg/Würzburg 1981.

Hoffmann, Volk: Hoffmann, L., Das Deutsche Volk und seine Feinde. Die völkische Droge. Köln 1994.

Hürten, Patriotismus: Hürten, H., Der Patriotismus Adenauers. In: Rhöndorfer Gespräche Bd. 10, S. 17–33.

Janssen, Geschichte: Janssen, W., Kleine Rheinische Geschichte. Düsseldorf 1997.

Kastner, Kleine Geschichte: Kastner, D. und Torunsky, V., Kleine Rheinische Geschichte 1815–1986. Köln, Bonn 1987.

Kermann, Kongress: Kermann, J., Vom Wiener Kongress bis zum Ende des Zweiten Weltkrieges. In: Heyen, Geschichte, S. 103–130.

Klersch, Mentalität: Klersch, J., Die rheinische Mentalität. Schriftenreihe des Rheinischen Heimatbundes, Heft 27. Neuss 1967.

Küppers, Koblenz und Bonn: Küppers, H., Zwischen Koblenz und Bonn. Rheinland-Pfalz und die Gründung der Bundesrepublik. In: Geschichte im Westen 4, 1989. Nr. 2, S. 160–180.

Köhler, Adenauer: Köhler, H., Adenauer. Eine politische Biographie. Berlin 1994.

Kölner: Arsch huh, Zäng ussenander! Kölner gegen Rassismus und Neonazis. Köln 1992.

Küsters, Kriegsende: Küsters, H.-J. und Mensing, H. P., Kriegsende und Neuanfang am Rhein. Konrad Adenauer in den Berichten des Schweizer Generalkonsuls Franz-Rudolph von Weiss 1944–1945. München 1986.

Landwehrmann, Revier: Landwehrmann, F., Europas Revier. Düsseldorf 1980.

Mathy, Rheinland-Pfalz: Mathy, H., Bundesland Rheinland-Pfalz. Von der Gründung bis zur Gegenwart. In: Heyen, Geschichte, S. 131–168.

Meisen, Grundlagen: Meisen, K., Grundlagen zur Erforschung der Mentalität der Rheinländer. Schriftreihe des Rheinischen Heimatbundes, Heft 26. Neuss 1968, S. 417–464.

Müller-Wille, Westfalen: Müller-Wille, W., Westfalen. Landschaftliche Ordnung und Bindung eines Landes. Münster 1952, Nachdruck 1981.

Osterheld, Kanzlerjahre: Osterheld, H., „Ich gehe nicht leichten Herzens ...". Adenauers letzte Kanzlerjahre. Ein dokumentarischer Bericht. Mainz 1986.

Osterheld, Adenauer: Osterheld, H., Konrad Adenauer. Ein Charakterbild. Bonn 1973.

Petri, Nordrhein-Westfalen: Petri, F., Nordrhein-Westfalen, Ergebnis geschichtlicher Entwicklung oder politische Neuschöpfung? in: RhVjbl. 31, 1966/67. S. 139–176.

Petri, Aufsätze: Petri, F., Zur Geschichte und Landeskunde der Rheinlande, Westfalens und ihrer westeuropäischen Nachbarländer. Aufsätze und Vorträge aus vier Jahrzehnten. Herausgegeben von E. Ennen, A. Hartlieb von Wallthor, M. van Rey. Bonn 1973.

Pommerin, Berlin: Pommerin, R., Von Berlin nach Bonn. Köln, Wien 1989.

Poppinga, Adenauer: Poppinga, A., Konrad Adenauer: Geschichtsverständnis und politische Praxis. Stuttgart 1975.

Rabe, Deutsche: Rabe, H., Deutsche Geschichte 1500–1600. München 1991.

Rheinische Geschichte I–III. Petri, F. und Droege, G. (Hg.), Rheinische Geschichte in drei Bänden. Düsseldorf 1973, 1976, 1978, 1980, 1983.

Rhöndorfer Gespräche: Rhöndorfer Gespräche. Bd. 1ff. Veröffentlichungen der Stiftung Bundeskanzler-Adenauer-Haus. Bonn 1978ff.

Schäfke, Köln: Schäfke, W., Köln. Zwei Jahrtausende Geschichte, Kunst und Kultur am Rhein. Köln 1998.

Schmidt, Geschichte: Schmidt, G., Geschichte des Alten Reiches. Staat und Nation in der frühen Neuzeit 1495–1806. München 1999.

Schwarz, Ära Adenauer I, II: Schwarz, H.-P., Die Ära Adenauer 1949–1957. Stuttgart 1981. Ders., Die Ära Adenauer 1949–1957. Stuttgart 1983.

Steinbach, Räume: Steinbach, F., Geschichtliche Räume und Raumbeziehungen der deutschen Nieder- und Mittelrheinlande im Mittelalter. In: AHVNrH. 155/156, 1954, S. 9–34.

Trier I, II, III: 2000 Jahre Trier. 3 Bde. Trier 1985ff.

Wintgens, Grundlagen: Wintgens, L., Grundlagen der Sprachgeschichte im Bereich des Herzogtums Limburg. Eupen 1982.

Wrede, Volkskunde: Wrede, A., Rheinische Volkskunde. Nachdruck von 1922. Frankfurt am Main o.J.

Bildnachweis

Die Genehmigung zur Reproduktion erteilten:
Landesmedienzentrum Rheinland-Pfalz: S. 29, 56
Rheinisches Landesmuseum Trier: S. 32, 33
Dr. Gottfried Elmar Hecker (Foto): S. 38
Deutscher Taschenbuch-Verlag: S. 44
Agentur LAIF: S. 48
Jochen Dziedzic: S. 52
Michael Jeiter (Foto): S. 52
Nordrhein-Westfälisches Hauptstaatsarchiv Düsseldorf: S. 59
Stadtverwaltung Jülich: S. 64
Kölner Gymnasial- und Stiftungsfonds: S. 67
Niederrheinisches Museum für Volkskunde und Kulturgeschichte Kevelaer: S. 69
Prof. Dr. Wilhelm Janssen und Patmos-Verlag: S. 71
Dr. Dieter Kastner: S. 81
Reproduktion des Fotos von Johann Stupp, S. 91: Michael Jeiter
Michael Saint-Mont: S. 93
Pater Gauger (Foto): S. 107
Herb Schiffer: S. 112
Cusanusstift: S. 114

Elisabeth Fischer-Holz (Hg.)
AUCH FRAUEN MACHEN GESCHICHTE
Bedeutende Frauen aus der Euregio Maas-Rhein

192 Seiten, Paperback,
21 x 14 cm, 12,40 Euro.
ISBN 90-5433-178-X

Machen nur Männer Geschichte? – In diesem Band begeben sich die Autoren auf Spurensuche und zeichnen die Lebensbilder von 12 Frauen aus drei Jahrhunderten eindrucksvoll auf. Dabei werden die sozialen und wirtschaftlichen Verhältnisse ihres Umfeldes besonders hervorgehoben. Alle dargestellten Frauen entstammen entweder dem Raum der heutigen Euregio Maas-Rhein oder aber sie kamen von außerhalb hierher und haben hier Bedeutendes gewirkt.

Herkunft und Lebensalter der erforschten Frauen sind häufig gegensätzlich. Sie kommen aus gutem Haus und begeben sich in die Armenviertel. Sie sollen eine gute Partie machen, legen aber das ewige Gelübde ab und gründen einen Orden. Sie lehnen sich gegen ihre Väter auf und verfolgen ihren eigenen, oft steinigen Weg.

Elisabeth Fischer-Holz (Hg.), geboren 1921 in Süggerath bei Geilenkirchen. Sie studierte für das Lehramt in Köln und unterrichtete nach dem Zweiten Weltkrieg Deutsch, Geschichte und Geografie. Nach der Pensionierung 1977 private Studien, Vorträge vor Erwachsenen über geschichtlichen Themen, Reiseleitung auf Studienfahrten nach Frankreich, Belgien und in die Niederlande. 1997 erschien beim GEV das Buch *„Die Frauen Karls des Großen* . Elisabeth Fischer-Holz wurde 2001 mit dem *Rheinlandtaler* ausgezeichnet.

An diesem Buch wirkten außerdem Waltraud Durst, Annemarie Haase, Saskia Reichel, Isa Vermehren und Anneliese Wasser mit.

„Eine Fundgrube für geschichtsinteressierte Leser. Das dürfen auch Männer sein!" (Bad Aachen)

Hubert Jenniges
EIFELER KINDHEIT
Erinnerungen aus einem fernen Jahrhundert

96 Seiten, Paperback,
20 x 13 cm, 9,90 Euro.
ISBN 90-5433-190-9

Das Buch *Eifeler Kindheit* erzählt aus der Sicht eines Jungen, der in einem kleinen, vergessenen Winkel des belgisch-deutschen Grenzlandes aufwuchs, die Wirren der turbulenten Vorkriegszeit, die leidvollen Kriegsjahre sowie die Widersprüche nach der Wende des Jahres 1945. Das Buch ist ein packendes Zeugnis, das mit regionalgeschichtlichen Rückblenden und volkskundlichen Ausflügen verwoben wird. Ein Zeitdokument, das aus ungewöhnlicher Perspektive die „Jahrhundertsuche" der Grenz-Eifeler nach einem neuen geistigen und materiellen Lebensplatz schildert.

Hubert Jenniges, geboren am 5.12.1934 in Manderfeld, studierte Romanistik und Geschichte an der Katholischen Universität Löwen und war zunächst Lehrer an der Bischöflichen Schule in St. Vith (1959–1963), dann Journalist beim BRF in Brüssel, zuletzt als Leiter des BRF-Studios in der Hauptstadt. Er produzierte zahlreiche Reportagen und „Features" über die innerbelgische Aktualität und die zeitgeschichtliche Entwicklung. Aus seiner Feder erschienen bisher rund 200 heimatgeschichtliche Beiträge und längere Aufsätze. Außerdem wirkte er als Koautor an zahlreichen Sammelwerken und Dorfchroniken mit.

Auf Anfrage senden wir Ihnen gerne unser aktuelles Verlagsprogramm zu. Anruf oder Nachricht genügt. Wir freuen uns über jede Anregung und Kritik!

GEV (Grenz-Echo Verlag)
Guido Bertemes
Marktplatz 8
B - 4700 Eupen
Tel. 003287/59 13 03
Fax 003287/74 38 20
www.gev.be
buchverlag@grenzecho.be